W9-BFA-418

# CARNETS DE GUERRE D'IRAK

## INTRODUCTION PAR REZA

PRODUIT PAR CHANNEL PHOTOGRAPHICS

# DESERT DIARIES

## PHOTOJOURNALISTS ON THE WAR IN IRAQ

### INTRODUCTION BY REZA

PRODUCED BY CHANNEL PHOTOGRAPHICS

**CARNETS DE GUERRE D'IRAK** *est dédié aux familles et aux proches des journalistes photographes du monde entier, dont le soutien méconnu a rendu cet important travail possible.*

**DESERT DIARIES** is dedicated to the families and loved ones of photojournalists everywhere, whose unsung support makes this important work possible.

# PREFACE

The official shooting war in Iraq lasted 21 days. For most of us, it was a blur of images. As time passes, our collective memory of this conflict will be reduced to the few pictures that emerge as iconic in the context of a highly politicized aftermath. But how can we achieve a deeper understanding? How can we fully grasp the human consequences of the war in Iraq? One way is to look behind the pictures and into the hearts and minds of the photojournalists who covered the conflict. *Desert Diaries: Photojournalists on the War in Iraq* mines the emotional landscape that elaborates on the images.

Inspired by the powerful work of 24 photographers documenting the conflict in Iraq, *Desert Diaries* goes deeper than the analysis of generals, politicians, and historians. These photographers covered the war from Baghdad, from the Kurdish-dominated North, and from the Shi'ite-dominated South. They worked in embedded positions and unilaterally, both freelance and on assignment, on the front lines and in the outskirts. In their pursuit of the story behind the story, they became intimately acquainted with the human consequences of this war.

The images speak for themselves—death, displacement, boredom, fear, escape, loss, joy, and heartbreak. *Desert Diaries* combines this visual narrative with the personal reflections of the photojournalists themselves, extracted from the actual journals they kept and from telephone interviews conducted in June. While each diary excerpt represents the unique observations and insights of its author, taken together they trace a poignant arc between tragedy and triumph that reflects the experience of every journalist who covered this war.

It has been said that a photojournalist's job is to afflict the comfortable and to comfort the afflicted. These supremely committed professionals put themselves in harm's way to document this war for our consideration. Whether we are comforted or afflicted by it, their stirring work underscores the gravitas of war in universal human terms . . . the way only world-class journalism can.

Steve Davis
CEO, Corbis

**4/9/2003  BAGHDAD, IRAQ    SADDAM'S STATUE TAKEN DOWN BY A U.S. TANK**                    **PHOTO: PATRICK ROBERT**
A statue of Saddam Hussein is taken down as a symbolic gesture by an American tank, with the help of dozens of Iraqis.

# PREFACE

La guerre en Irak aura officiellement duré vingt et un jours. Pour la plupart d'entre nous, elle se caractérise par un ensemble d'images floues. Au fil du temps, notre mémoire collective ne se rappellera que de quelques photos qui émergeront comme des icônes dans un contexte marqué par un après-guerre hautement politisé. Comment peut-on mieux comprendre cette guerre ? Comment pouvons-nous saisir pleinement les conséquences de ce conflit sur le plan humain? L'une des manières est de chercher ce qui se cache derrière ces images et de regarder dans les cœurs et les esprits des journalistes photographes qui ont couvert les évènements. Dans Carnets de Guerre d'Irak les photo-reporters en Irak décrivent l'environnement émotionnel qui plane autour de ces images.

Inspiré du travail poignant de 24 photographes ayant documenté la guerre en Iraq, Carnets de Guerre d'Irak va bien plus loin qu'une simple analyse des évènements généraux, politiques et historiques. Ces photographes ont couvert la guerre à Bagdad, en passant par le Nord du pays à dominance kurde et le Sud appartenant aux chiites. Ils ont travaillé comme des journalistes incorporés aux forces armées et unilatéralement, aussi bien en tant que pigistes ou envoyés spéciaux, au front ou dans des positions à l'arrière. Dans leur quête de la vérité, ils ont pu découvrir plus intimement les conséquences de cette guerre sur le plan humain.

Les photos parlent d'elles-mêmes : mort, exode, monotonie, crainte, déroute, malheur, joie et douleur. Les Carnets de Guerre d'Irak associent récits visuels et réflexions personnelles des photographes eux-mêmes, le tout extrait de leurs propres journaux intimes et d'interviews téléphoniques réalisées en juin. Même si chaque extrait regroupe les observations et idées personnelles de chaque auteur, ils retracent des histoires poignantes allant de la tragédie au triomphe, tout en reflétant l'expérience de chacun des journalistes ayant couvert cette guerre.

On dit que le métier de journaliste photographe est de bousculer le bourgeois et de réconforter les victimes. Ces professionnels dévoués se mettent dans des situations dangereuses pour nous faire parvenir des images sur cette guerre. Que nous soyons bourgeois ou victimes, leur travail émouvant souligne la gravité de la guerre du point de vue universel et humain... comme seuls les meilleurs journalistes savent le faire.

Steve Davis
Directeur général, Corbis

**09/04/2003  BAGDAD, IRAK   LA STATUE DE SADDAM RENVERSÉE PAR UN CHAR AMÉRICAIN**       PHOTO: PATRICK ROBERT
Une statue de Saddam Hussein est abattue par un char américain lors d'une manifestation symbolique suivie par des centaines d'Irakiens.

# INTRODUCTION

The war in Iraq is often referred to as a single entity that people were reportedly informed about, with seeming accuracy, through television. As I traveled from one region of the world to the next, I came across what seemed more like three different wars.

American television screens broadcast a fair, clean, and surgical war. It was a conflict in which the Iraqi people were waiting for liberators and displayed an outright joy when coalition soldiers finally arrived. The two recurring themes of American television coverage did not vary: strike accuracy and the liberation of an oppressed population.

The old continent of Europe played the televised role of the arguing father who tries to bring back to reason his teenage boy driven by destructive anger. But the son, certain of his decision, cannot hear. Europe's televised messages emphasized the antiwar demonstrations taking place in every country and, in a spirit of dialogue, highlighted voices of peace by expounding arguments more logical than war.

Meanwhile, in Arab countries, I witnessed a very different war. I first saw its devastation on the faces of people in Saudi Arabia, where I was working on a long-term story. Astonishment, incredulity, wounded egos, anxiety, and weary revolt were all revealed in their eyes like an open book. I was far away from any video game mentioning only strikes, and as I saw the stream of images of horror and suffering borne by an Iraqi people caught in the turmoil, I was confronted by my helplessness as a viewer. Burning houses, killed children, disfigured faces, crushed skulls, burials, and despair; a weeping mother over the lifeless bodies of her family, taken by surprise in the dead of the night by an air raid; the sometimes gratuitous humiliation of a population under the yoke of soldiers as frightened as they were powerful.

Considering the three faces of this war brought me back to the sad acknowledgment that the omnipresent medium of television cannot be considered a truly objective information source, but rather a blunt instrument to further the point of view that will attract the most eyeballs, the most sympathy, the most money.

Then there is the photograph. What becomes of photography in all this? The true story of this war will be written through these photographs. Photographers are solitary men and women standing before the full extent of universal injustice and the great media tycoon's revisionist policy. In this global arena, championing the ideal of truth in the face of television's overwhelming force, photojournalists look like Spartacus.

Some of their testimonies are featured in this book, which presents a remarkable work rich with the very essence of photojournalism. From image to image, the reader not only discovers the war but is carried beyond the military campaign to a place where human suffering and emotion are honestly recorded—a place where information is a raw report that leaves political and historical interpretations open to each reader according to his or her newly informed sensibilities.

French photojournalist Patrick Robert, who has covered virtually every conflict in the Middle East and Africa since 1982, writes within these pages that "it's not my place to take sides." The absence of a political point of view, however, reveals the undeniable presence of a humanistic one. Witnessing the human consequences of war brings into sharp relief its inhuman character (I have covered many fronts over the past 25 years, and *inhuman* is the only qualifier I can use to define war). While television's filters exacerbate this inhumanity—the man on the street seems to be nothing much in front of the media giant that television represents—photojournalism seeks to expose it for your consideration. Now that you know, what will you do?

There is an ancient Persian saying that all of the darkness in the universe cannot extinguish the light of a single flame. Through their work—the danger, the boredom, the risks and rewards, the intense emotional and ethical trials they must endure—photojournalists help spark the flames of awareness, lighting the way toward understanding, feeling . . . and (we can only hope) action.

Reza
July 2003

# INTRODUCTION

On évoque souvent la guerre en Irak comme une seule entité dont on aurait été informé avec une apparente précision, au travers de la télévision. Passant d'une région du monde à une autre, ce que j'ai vécu évoquerait plutôt trois guerres distinctes.

Le petit écran américain présentait une guerre juste, propre, chirurgicale. C'était un conflit où le peuple irakien attendait les soldats comme des libérateurs, et manifestait une joie incontestée. Les deux mots d'ordre, dans cette représentation télévisuelle étaient la précision de frappe et la libération d'un peuple opprimé.

Ce vieux continent qu'est l'Europe, à la télévision, jouait le rôle du père qui argumente, essayant de ramener à la raison son adolescent de fils animé d'une colère destructrice. Mais ce dernier, sûr de sa décision, n'entendait rien. Les messages de l'Europe à la télévision tendaient à souligner les manifestations contre la guerre qui se tenaient dans tous les pays, et dans un esprit de dialogue, à mettre en évidence les langages de paix, en présentant des arguments plus logiques que la guerre.

Entre temps, dans les pays arabes, c'était une toute autre guerre qui défilait sous mes yeux. J'ai d'abord découvert ses ravages en Arabie Saoudite, où je séjournais pour un reportage au long cours. Stupeur, incompréhension, blessure dans l'amour-propre, inquiétude, lasse révolte se lisaient dans les regards, comme dans un livre ouvert. J'étais loin d'un jeu vidéo qui ne dit que les frappes, mais j'étais confronté à mon impuissance de spectateur, à voir défiler des images de l'horreur et des souffrances d'un peuple irakien pris dans la tourmente de la guerre. Maisons en feu, enfants tués, visages défigurés, crânes écrasés, pleurs d'une mère sur les corps sans vie des membres de sa famille surpris en pleine nuit par un bombardement, enterrements et désespoir; l'humiliation parfois gratuite d'une population sous le joug de soldats aussi puissants que paniqués.

A regarder ces trois guerres, j'en revenais au triste constat que ce média omniprésent qu'est la télévision, ne peut être considéré comme un véritable instrument d'information objective, mais plutôt comme un instrument de propagande au service de celui qui a une plus forte matraque, de celui qui paie le plus.

Reste l'image. Que devient la photographie dans tout cela ? La véritable histoire de cette guerre sera écrite par ces photographies. Les photographes restent ces hommes solitaires qui se dressent face à l'injustice mondiale, au grand typhon des médias et de leurs politiques de « réinterprétation » de l'évènement. Dans cette arène globale, les photographes font figure de Spartacus, défendant l'idéal de la vérité face à la domination télévisuelle.

On trouve certains de ces témoignages en images dans ce livre, qui présente un travail remarquable et riche de l'essence même du photojournalisme. A la lecture de ces images, on ne découvre pas seulement la guerre; on nous entraîne au-delà de la guerre, là où la souffrance et l'émotion submergent face à l'horreur, là où l'information devient un constat brut, permettant à chaque lecteur de se former une opinion, loin des réinterprétations historiques et politiques, d'après sa propre sensibilité.

Le photo-journaliste français Patrick Robert, qui a couvert pratiquement tous les conflits au Moyen-Orient et en Afrique depuis 1982, écrit dans ces pages : "Je n'ai pas à prendre position, ce n'est pas mon rôle." L'absence d'un point de vue politique révèle toutefois un regard humaniste. Le fait d'assister aux conséquences humaines de la guerre accuse violemment les reliefs de son inhumanité. (J'ai couvert plusieurs fronts au cours des vingt-cinq dernières années et le seul qualificatif qui me vienne à l'esprit pour définir la guerre est bien celui-là : inhumaine. Alors que le filtre de la télévision exacerbe cette inhumanité – où l'homme de la rue n'est que peu de chose face au géant médiatique que représente la télévision – le photojournalisme cherche à la dévoiler. Maintenant que vous savez, qu'allez-vous faire ?

Selon un vieux dicton persan, toutes les ténèbres de l'univers ne peuvent étouffer la lumière d'une flamme solitaire. A travers leur travail – le danger, l'ennui, les risques et les récompenses, les intenses épreuves éthiques et affectives qu'ils doivent surmonter – les photojournalistes contribuent à allumer l'étincelle de la prise de conscience, éclairant la voie de la compréhension, de l'émotion… et (on peut l'espérer) de l'action.

Reza
juillet 2003

**1/28/2003  WASHINGTON, D.C.  INSIDE THE BUSH WHITE HOUSE ON THE MORNING OF THE STATE OF THE UNION ADDRESS       PHOTO: BROOKS KRAFT**
On the morning of the State of the Union Address, as at every cabinet meeting, President George W. Bush (C) opens the discussions with a prayer. Secretary of State Colin Powell (L) and Secretary of Defense Donald Rumsfeld (R) sit to either side of him.

**28/01/2003  WASHINGTON DC   À LA MAISON BLANCHE, LE MATIN DU DISCOURS SUR L'ÉTAT DE L'UNION**
*Le matin du jour où il doit prononcer le discours sur l'État de l'Union, et comme lors de chaque réunion du cabinet, le Président George W. Bush (au centre) ouvre la séance par une prière. Il est encadré par le Secrétaire d'État, Colin Powell (à gauche) et le Secrétaire à la défense, Donald Rumsfeld (à droite).*

**2/24/2003   SULEIMANIYA, KURDISTAN   POLITICIAN AND MILITARY PLANNER IN KURDISTAN PREPARE FOR A POSTWAR IRAQ      PHOTO: KATE BROOKS**
Soldiers at the Patriotic Union of Kurdistan Military Academy sit in an outdoor classroom to train for the coming war with Iraq.

**24/02/2003   AS-SULAYMANIYAH, KURDISTAN   LES POLITICIENS ET PLANIFICATEURS MILITAIRES KURDES PRÉPARENT L'IRAK DE L'APRÈS-GUERRE**
*À l'école militaire de l'Union patriotique du Kurdistan, des soldats participent à un cours en extérieur pour se préparer à la guerre à venir avec l'Irak.*

**2/27/2003  ZURAN, TURKEY  UNVEILING THE BRIDE–A TRADITIONAL KURDISH WEDDING CEREMONY IN TURKEY**        **PHOTO: DAVID TURNLEY**
Friends and family of Adil and Ceylan enjoy food, drink, and dancing at the wedding ceremony. In the mountainous region of Turkey, near the Iraqi border, for three days in February there were few thoughts of war. The village of Zuran was celebrating the wedding of Adil Turan, 18, and Ceylan Buthnar, 16.

**27/02/2003  ZURAN, TURQUIE  LE DÉVOILEMENT DE LA MARIÉE–CÉRÉMONIE DE MARIAGE TRADITIONNELLE KURDE EN TURQUIE**
*Les amis et les familles d'Adil et Ceylan festoient, boivent et dansent lors de la cérémonie de mariage. Dans cette région montagneuse de la Turquie, à proximité de la frontière irakienne, durant trois jours de février, la guerre paraissait très loin. Le village de Zuran célébrait les noces d'Adil Turan, 18 ans, et de Ceylan Buthnar, 16 ans.*

**3/28/2003   DAMASCUS, SYRIA   DAILY LIFE IN DAMASCUS DURING THE U.S.-LED COALITION WAR ON IRAQ   PHOTO: JEHAD NGA**
Demonstrating against the U.S.-led war in Iraq, members of the Communist Brigade in Damascus, Syria, wave Palestinian and Communist Party flags.

**28/03/2003   DAMAS, SYRIE   LA VIE QUOTIDIENNE À DAMAS DURANT L'INTERVENTION DE LA COALITION SOUS COMMANDEMENT AMÉRICAIN EN IRAK**
*Manifestant contre la guerre sous conduite américaine en Irak, des membres de la brigade communiste à Damas, en Syrie, brandissent des drapeaux palestiniens et du parti communiste.*

**1/26/2003   ISTANBUL, TURKEY   ANTIWAR PROTEST DRAWS THOUSANDS IN TURKEY**                    **PHOTO: LYNSEY ADDARIO**
In the Old City of Istanbul, as UN inspectors ready their report to the United Nations, Muslim women demonstrate against the coming war in Iraq.
In the end, Turkey resisted U.S. pressure to open its bases to U.S. military forces attacking Iraq.

**26/01/2003   ISTANBOUL, TURQUIE   UNE MANIFESTATION CONTRE LA GUERRE RÉUNIT DES MILLIERS DE PERSONNES EN TURQUIE**
*Dans la vieille ville d'Istanboul, alors que les inspecteurs des Nations Unies préparent leur rapport au Conseil de Sécurité, des femmes musul-
manes manifestent contre la guerre en Irak. Au bout du compte, la Turquie a résisté aux pressions des États-Unis qui voulaient obtenir l'accès à
ses bases pour les forces armées américaines participant à l'attaque contre l'Irak.*

**3/1/2003 NORTHERN IRAQ RETURNING FROM THE FIELDS**
**PHOTO: DAVID TURNLEY**
A Kurdish woman and her child return from a day working in the fields in their village along the border of Turkey and Kurdistan in northern Iraq.

**01/03/2003 AU NORD DE L'IRAK DE RETOUR DES CHAMPS**
**PHOTO: DAVID TURNLEY**
*Une femme kurde et son enfant rentrent au village après une journée passée dans les champs, dans le nord de l'Irak, à proximité de la Turquie et du Kurdistan.*

Après des jours de voyage pour passer clandestinement de la Turquie vers la Syrie afin de rejoindre le Kurdistan irakien au Nord, nous sommes arrivés dans une petite ville où nous avons trouvé un modeste motel. Nous sommes trempés jusqu'aux os et recouverts de boue suite à notre traversée du fleuve au milieu de la nuit. Le lendemain, à notre réveil, il nous a fallut rapidement trouver une personne parlant l'anglais pour travailler avec nous pendant toute la guerre en tant que traducteur. L'homme de la réception de l'hôtel, a appelé un jeune Kurde irakien nommé Salar qui s'est présenté accompagné de son père, avec le vif désir d'être embauché sur-le-champ.

Salar venait de terminer ses études universitaires en mathématiques et avait appris l'anglais par lui-même en regardant des vidéos en anglais. Il n'avait jamais mis les pieds en dehors de sa région, mais avait la tête remplie de rêves pour un monde plus grand et débordait d'enthousiasme à l'idée de nous accompagner tout au long de cette guerre. Salar était très vite devenu indispensable. En plus de son rôle de traducteur, il m'aidait à régler mes téléphones satellitaires et ma caméra pour mes émissions live avec CNN. Il apprenait très vite, il était très intelligent pour son âge et s'est rapidement intégré à notre équipe contre vents et marées. Nous dormions peu, nous travaillions d'arrache pied et passions des moments très captivants, voire dangereux, et toujours chargés d'émotions. Le genre de camaraderie qui ne peut se développer que pendant une guerre.

Après avoir passé trois semaines ensemble, essentiellement dans la ville de première ligne de Kifri, on savait que Bagdad allait tomber au cours des prochains jours et notre équipe se préparait à partir en terrain inconnu pour rejoindre la capitale et couvrir l'actualité des jours à venir. Je me souviens d'un soir, alors que nous étions en train de boire une bière sur le toit d'un immeuble où je venais de tourner en direct sur CNN pour commenter mes photos. C'était une belle nuit fraîche de printemps et le chant des grillons se mêlait au bruit des bombes des B52 larguées à quelques kilomètres de nous. Nous nous étions habitués à partager des moments de silence. Soudain, Salar me dit : « David, j'ai 26 ans et je n'ai jamais voyagé ailleurs que dans les quatre villes principales du nord de l'Iraq. Je ne sais pas ce que je vais faire de ma liberté. Je ne sais même pas ce que cela veut dire. »

L'honnêteté de ce qu'il venait de me dire, mais aussi la complexité de ses propos, m'ont profondément ému. Le concept de liberté, que la plupart d'entre nous considère comme acquise, qu'est-ce que cela signifie au juste ? Les propos de Salar méritaient un temps de pause et de réflexion. Finalement, j'ai acquiescé que les jours et les années à venir allaient sans aucun doute lui révéler le vrai sens de la notion de liberté. Et allaient peut-être le révéler à moi aussi.

—David Turnley
juin 2003

We finally arrived—after days of being smuggled from Turkey through Syria, into Kurdish northern Iraq—in a small town where we found a small motel to sleep in. Everything we carried with us was soaked and covered with mud from our river crossings in the middle of the night. When we awoke the next morning, we were in a hurry to find someone who could speak English and work with us for the duration of the war as a translator. The man at the motel reception desk called a young Iraqi Kurd named Salar, who, with his father, immediately appeared at the motel eager to be employed.

Salar had just finished a college degree in mathematics and had taught himself to speak impeccable English by watching English-speaking videos. He had never traveled beyond his local region but was filled with dreams of a larger world and was bubbling over with young enthusiasm to accompany us through the war. Salar quickly became indispensable. Aside from translating, he would help me set up satellite phones and a video camera to do live hookups with CNN. He was a fast learner, wise beyond his years, and quickly invested himself as a member of our team, through thick and thin. We endured little sleep, hard work, and many gripping, sometimes dangerous, sometimes very emotional moments together. It is this kind of camaraderie that evolves only in a war zone.

After three weeks together, mostly in the front-line town of Kifri, it was clear that Baghdad would fall in the next several days, and our team would make a bolt from the North down an uncharted corridor to the capital to cover the ensuing days. Late one night we were drinking beers on the roof of a building from which I had just done a live shot, narrating a sequence of my photographs on CNN. It was a cool spring night, and the sounds of crickets were juxtaposed with the sounds of B-52 bombs being dropped several kilometers away. We had become accustomed to lots of periods of silence together. Suddenly, Salar said to me, "David, I am 26 years old, and I have never traveled beyond the four major towns of northern Iraq. I don't know what I will do with freedom. I don't even know what it means."

I was extremely moved by the honesty of what he had to say, and also the complexity of it. The concept of freedom, which so many of us take for granted—what does it mean? I gave his words the time they deserved and then acknowledged to Salar that the days and the years ahead would inevitably reveal his own meaning for the notion of freedom. And maybe my own as well.

—David Turnley
June 2003

**PHOTO: MARK RICHARDS**

**3/19/2003   SACRAMENTO, CALIFORNIA   THE HOME FRONT: SOLDIERS AND LOVED ONES DEAL WITH THE CONSEQUENCES OF WAR**
During a departure ceremony at the 270th Military Police Company Department, California National Guard Base, Brittany holds her dad before he deploys.

**19/03/2003   SACRAMENTO, CALIFORNIE   L'ARRIÈRE : LES SOLDATS ET LEURS PROCHES CONFRONTÉS AUX CONSÉQUENCES DU CONFLIT**
*Lors de la cérémonie de départ, dans les locaux de la 270ème compagnie de la police militaire, sur la base de la Garde nationale de Californie, Brittany serre son papa dans ses bras avant son départ.*

**3/20/2003   MERIDIAN, TEXAS   AMERICANS FOLLOW THE WAR IN IRAQ'S PROGRESS**                                    PHOTO: STEVE LISS
The Winkler family watches coverage of the bombing of Baghdad at their family farm.

**20/03/2003   MERIDIAN, TEXAS   DES TÉLÉSPECTATEURS AMÉRICAINS SUIVENT LE DÉROULEMENT DE LA GUERRE EN IRAK**
*La famille Winkler suit la couverture des bombardements de Bagdad dans la ferme familiale.*

**3/21/2003  BAGHDAD, IRAQ  "SHOCK AND AWE" SHAKES BAGHDAD ON THE SECOND DAY OF WAR**  PHOTO: OLIVIER CORET
The second night of war in Iraq brings heavy bombing in Baghdad and the start of the U.S. "Shock and Awe" campaign.

**21/03/2003  BAGDAD, IRAK  AU DEUXIÈME JOUR DE LA GUERRE, LA CAMPAGNE DE "SHOCK AND AWE" SECOUE BAGDAD**
*La deuxième nuit de la guerre en Irak est marquée par des bombardements très lourds sur Bagdad et le début de la campagne américaine de "Shock and Awe".*

**4/10/2003   NEW YORK CITY   PRO-TROOPS RALLY DRAWS SUPPORTERS TO GROUND ZERO                          PHOTO: MARK PETERSON**
An estimated crowd of 10,000 converged on Ground Zero to show support for the troops in Iraq. Among the attendees were scores of firefighters, construction workers, and laborers, many of whom had worked in the rescue and cleanup efforts after the terrorist attack on the World Trade Center on September 11, 2001.

**10/04/2003   NEW YORK   UNE MANIFESTATION DE SOUTIEN AUX TROUPES RASSEMBLE DES MILLIERS DE PERSONNES À GROUND ZERO PHOTO: MARK PETERSON**
*Une foule estimée à 10 000 personnes a convergé vers Ground Zero pour afficher son soutien aux soldats américains en Irak. Au nombre des participants figuraient de nombreux pompiers, ouvriers du bâtiment et travailleurs, dont beaucoup avaient pris part aux efforts de sauvetage et de nettoyage après les attaques terroristes du 11 septembre 2001 contre le World Trade Center.*

**3/4/2003   TASLUGA, KURDISTAN   FIVE SHOT DEAD AT A KURDISH CHECKPOINT**                    **PHOTO: KATE BROOKS**
Five men, mistaken for members of the al-Qaida-linked group Ansar al-Islam, were shot dead at a checkpoint 20 kilometers outside Suleimaniya in Kurdistan by members of the Patriotic Union of Kurdistan (PUK). The men were actually members of the Islamic Group of Kurdistan.

**04/03/2003   TASLUGA, KURDISTAN   CINQ MORTS, TUÉS PAR BALLE, À UN POINT DE CONTRÔLE KURDE**
*Cinq hommes, pris à tort pour des membres du groupe Ansar al Islam, lié à Al-Qaida, ont été abattus à un point de contrôle situé à une ving-taine de kilomètres de Suleimaniya, au Kurdistan, par des membres de l'Union patriotique du Kurdistan (UPK). Ils appartenaient en fait au Groupe islamique du Kurdistan.*

**3/25/2003  IRAQ  MARINES DIG OUT OF SEVERE SANDSTORM**
**PHOTO: DAVID LEESON**
Marines from the 3rd Infantry Division take defensive positions as an Iraqi man approaches their Bradley fighting vehicle. The marines were on a mission to determine the source of frequent mortar fire from the area. They also believed a sniper had taken position in the vicinity of the man's home. The dust storm later intensified, reducing visibility to less than 20 yards.

**25/03/2003  IRAK  DES MARINES AUX PRISES AVEC UNE VIOLENTE**
**TEMPÊTE DE SABLE                         PHOTO: DAVID LEESON**
*Des marines appartenant à la 3ème division d'infanterie prennent des positions défensives tandis qu'un Irakien s'est approché de leur véhicule de combat Bradley. Ces Marines étaient chargés de déterminer l'origine de tirs de mortier fréquents en provenance de cette zone. Ils pensaient également qu'un sniper était dissimulé dans le voisinage de la maison de cet homme. La tempête de sable est plus tard devenue plus violente, la visibilité étant limitée à une vingtaine de mètres.*

**3/24/2003   IRAQ   THIRD BRIGADE COMBAT TEAM MOVES INTO IRAQ**                                              **PHOTO: DAVID LEESON**
Marines from the 3rd Infantry Division disembark from a Bradley fighting vehicle to surround a man who was stopped for suspicious activity. An AK-47 and ammunition were found in the man's vehicle.

**24/03/2003   IRAK   UNE ÉQUIPE DE COMBAT APPARTENANT À LA 3ÈME BRIGADE ENTRE EN IRAK**                     **PHOTO: DAVID LEESON**
*Des marines de la 3ème division d'infanterie débarquent d'un véhicule de combat Bradley pour cerner un suspect irakien. Un fusil d'assaut automatique AK-47 et des munitions ont été trouvés dans son véhicule.*

**3/29/2003 BYARA, NORTHERN IRAQ KURDISH FIGHTERS AND U.S. TROOPS LIBERATE AREAS OF NORTHERN IRAQ PHOTO: LYNSEY ADDARIO FROM ANSAR FUNDAMENTALISTS**
Kurdish Peshmurga fighters stand guard in the town of Byara shortly after U.S. troops and Kurdish Peshmurga liberated it from Ansar fundamentalists in northern Iraq.

**29/03/2003 BYARA, NORD DE L'IRAK DES COMBATTANTS KURDES ET DES TROUPES AMÉRICAINES LIBÈRENT DES ZONES DU NORD DE L'IRAK DE LA PRÉSENCE DES FONDAMENTALISTES D'ANSAR AL ISLAM**
*Des combattants peshmergas kurdes montent la garde dans la ville de Byara peu après que celle-ci ait été libérée de l'emprise des fondamentalistes d'Ansar al Islam par les troupes américaines et les pershmergas kurdes.*

**3/30/2003   OUTSIDE OF NAJAF, IRAQ   THE 101ST AIRBORNE PERFORMS HOUSE-TO-HOUSE CLEARING NEAR NAJAF          PHOTOS: BENJAMIN LOWY**
Soldiers from the 1st Brigade of the 101st Airborne Division carried out house-to-house clearing operations on a complex from which Iraqi soldiers were launching mortars toward U.S. army positions. Upon entering one room, they found a man threatening them with a knife. Soldiers opened fire and killed him (right). For some, it was their first experience with death in wartime, and the emotional impact showed on their faces immediately after the incident.

**30/03/2003   ENVIRONS DE NAJAF, IRAK   LA 101 ÈME DIVISION AÉROPORTÉE PROCÈDE A DES OPÉRATIONS DE SÉCURITÉ MAISON PAR MAISON**
*Des soldats de la 1ère brigade de la 101ème division aéroportée procèdent à des opérations de sécurité maison par maison dans un complexe à partir duquel des militaires irakiens tiraient au mortier contre les positions de l'armée américaine. En entrant dans une pièce, ils découvrent un homme, ouvrent le feu et l'abattent. Pour certains, c'est leur première expérience avec la mort à la guerre et l'impact émotionnel se dessine sur leur visage.*

**3/20/2003  CAMP PENNSYLVANIA, KUWAIT   U.S. TROOPS WAIT OUT IRAQI SCUD ATTACK                          PHOTO: BENJAMIN LOWY**
Looking anxiously upward through their gas masks, soldiers with the 101st Airborne Division cram into a concrete bunker during a scud missile alert in the opening hours of the war.

**20/03/2003  CAMP PENNSYLVANIA, KOWEIT   SOLDATS AMÉRICAINS DANS L'ATTENTE D'UNE ATTAQUE DE SCUDS IRAKIENS PHOTO: BENJAMIN LOWY**
*Sous leur masque à gaz, regardant vers le haut avec anxiété, des soldats américains de la 101ème division aéroportée s'entassent dans un abri en béton durant une alerte au SCUD, durant les premières heures de la guerre.*

**3/22/2003 CAMP PENNSYLVANIA, KUWAIT GRENADE ATTACK AT CAMP PENNSYLVANIA IN KUWAIT** **PHOTO: BENJAMIN LOWY**
Immediately after the grenade attack on the commanders' tents at Camp Pennsylvania, soldiers of the 101st Airborne carry one of the wounded away from the scene. The alleged attack by Sergeant Hasan Akbar of the 326th Engineer Battalion injured 14 soldiers and killed 2.

**22/03/2003 CAMP PENNSYLVANIA, KOWEÏT ATTAQUE À LA GRENADE, À CAMP PENNSYLVANIA, AU KOWEÏT**
*Peu de temps après l'attaque à la grenade contre les tentes de commandement à Camp Pennsylvania, les soldats de la 101ème division aéro-portée évacuent un blessé. Le bilan de cette attaque, dont l'auteur supposé est le sergent Hasan Akbar, du 326ème bataillon du génie, est de deux morts et quatorze blessés parmi les soldats.*

**3/22/2003  CAMP PENNSYLVANIA, KUWAIT   GRENADE ATTACK AT CAMP PENNSYLVANIA IN KUWAIT**                                                    **PHOTO: BENJAMIN LOWY**

In the minutes immediately after a grenade attack on the commanders' tents at Camp Pennsylvania in Kuwait, soldiers of the 101st Airborne searched the compound for the attackers. Fearing an act of outside terror, soldiers at first held Arab workers on the base at gunpoint. The alleged attacker was discovered to be a sergeant from their own unit.

**22/03/2003  CAMP PENNSYLVANIA, KOWEÏT   ATTAQUE À LA GRENADE, À CAMP PENNSYLVANIA, AU KOWEÏT**

*Au cours des minutes suivant une attaque à la grenade contre les tentes de commandement à Camp Pennsylvania, au Koweït, des soldats de la 101ème division aéroportée fouillent le camp à la recherche des attaquants. Craignant un acte terroriste conduit depuis l'extérieur, les soldats tiennent en joue les travailleurs arabes présents sur la base. Il est apparu que l'auteur supposé de l'attaque était un sergent appartenant à leur propre unité.*

**3/22/2003   CAMP PENNSYLVANIA, KUWAIT   GRENADE ATTACK AT CAMP PENNSYLVANIA IN KUWAIT**                    **PHOTO: BENJAMIN LOWY**
About 45 minutes after the grenade attack on the commanders' tents at Camp Pennsylvania, soldiers of the 101st Airborne captured a suspect, Sergeant Hasan Akbar of the 326th Engineer Battalion, hiding in a ditch.

**22/03/2003   CAMP PENNSYLVANIA, KOWEÏT   ATTAQUE À LA GRENADE, À CAMP PENNSYLVANIA, AU KOWEÏT**
*Quarante-cinq minutes après l'attaque à la grenade contre les tentes de commandement à Camp Pennsylvania, des soldats de la 101ème division aéroportée capturent un suspect, le sergent Hasan Akbar, du 326ème bataillon du génie, caché dans un fossé.*

From:		tappuz
To:		Benjamin Lowy
Sent:		Friday, April 18, 2003 11:27 a.m.
Subject:

Hi Ben: It is Friday and I haven't heard from you since Sunday. I just can't understand what is up with you. Both seders have come and gone, and still no word. The shooting war is essentially over, and it is just hard to understand your thinking. Calling or sending a brief email cannot be such a burden or distraction for you. I have aged 10 years over the last few weeks, and it has caused me much anxiety. Your non-communication is just baffling. I hope you are well and did have some sort of pesach.

I hope you are well and in good shape. I've taken care of most of your bills and affairs. I'm following your pictures all the time and they are terrific, and your work is getting a lot of notice and attention.

Hope to hear from you soon and I hope you will return home quickly. Please respond as soon as possible.

Take care. Love, Dad

I didn't speak to anyone while I was there, I didn't speak to my friends, I didn't speak to my parents in any great depth, because I just did not want to take the time to reflect on everything and tell them what I saw. I knew they would have a thousand questions to ask me, and I just didn't want to talk about it. I don't know what I was thinking, why I didn't want to talk about it, but I just felt it would make everything seem so much smaller. And everyone I knew—my friends, my ex-girlfriend, my parents— they became so emotionally needy because they were worried about me, which I understand.

At the same time, in a way, they're trying to live vicariously through me, and I just didn't want to contribute to that. I didn't want to talk about the firefight I had been in that day, or that I found a skull on the street, or the mass graves and the smell of dead—which I will never forget, that smell. And I wrote back to my dad that I just didn't want to talk about it, I didn't want to share, I didn't want to dilute my experience, and I didn't know what that meant at the time, and I'm not really sure now. I just knew I couldn't talk about anything that I was doing. It just felt wrong to talk about it then, when it was happening.

—Benjamin Lowy
June 13, 2003

De :        tappuz
À :         Benjamin Lowy
Envoyé :    vendredi 18 avril 2003 11 h 27
Objet :

Bonjour Ben. Nous sommes vendredi et je n'ai eu aucune nouvelle de toi depuis dimanche. Je ne comprends pas du tout ce qui se passe. Les deux Seders ont eu lieu, et sont maintenant passés, et toujours rien. Les tirs sont pratiquement terminés, et il m'est difficile de comprendre ce qui te passe par la tête. Un coup de fil ou un petit e-mail ne peut tout de même pas représenter un tel fardeau ou une telle distraction pour toi. J'ai vieilli de dix ans au cours de ces dernières semaines, et la situation m'a beaucoup angoissé. Ton silence est simplement déroutant. J'espère que tout va bien et que tu as pu célébrer Pessah.

J'espère que tu vas bien et que tu es en bonne santé. Je me suis occupé de la plupart de tes factures et de tes affaires. Je regarde tout le temps tes photos et elles sont formidables ; ton travail ne passe pas inaperçu.

J'espère recevoir bientôt de tes nouvelles et, surtout, que tu reviendras bien vite à la maison. S'il te plaît, réponds aussitôt que possible.

Prends soin de toi. Je pense très fort à toi, Papa

Je n'ai parlé à personne lorsque j'étais là-bas, je n'ai pas parlé à mes amis, je ne suis pas entré dans les détails avec mes parents, parce que je n'avais simplement pas envie de prendre le temps de réfléchir à tout ça et de leur dire ce que j'avais vu. Je savais qu'ils me poseraient des tas de questions, et je n'avais pas envie d'en parler. Je ne sais pas à quoi je pensais ni pourquoi je ne voulais pas en parler, mais j'avais juste le sentiment que cela perdrait tellement de son importance. Et tous ceux que je connaissais — mes amis, mon ex-copine, mes parents — sont devenus tellement exigeants émotionnellement, parce qu'ils se faisaient du souci pour moi, ce que je comprends.

En même temps, d'une certaine façon, ils essaient de vivre à travers moi et je ne veux pas contribuer à cela. Je ne voulais pas parler de l'incendie contre lequel nous avons lutté ce jour-là, ni du crâne que j'ai trouvé dans la rue, ni des charniers et de l'odeur des morts, une odeur que je n'oublierai jamais. Et j'ai répondu à mon papa que je n'avais pas envie d'en parler, que je ne voulais pas partager, que je ne voulais pas diluer mon expérience. Je ne savais pas vraiment ce que cela voulait dire alors, et je n'en suis pas très sûr maintenant. Tout ce que je sais, c'est que je ne pouvais pas parler de ce que je faisais. Cela semblait déplacé d'en parler à ce moment-là, lorsque ça se produisait.

—Benjamin Lowy
13 juin 2003

**4/4/2003   BAGHDAD, IRAQ   IRAQIS IN BAGHDAD AS U.S. TROOPS DRAW NEAR**                                                         **PHOTO: JEROME SESSINI**
An Iraqi congregation listens intently to Imam Abdel Karim el-Biari's sermon during Friday prayers at a Baghdad mosque.

**04/04/2003   BAGDAD, IRAK   LA POPULATION IRAKIENNE DE BAGDAD ALORS QUE LES TROUPES AMÉRICAINES APPROCHENT**
*Des fidèles irakiens écoutent avec attention le prêche de l'Imam Abdel Karim el Biari, à l'occasion de la prière du vendredi, à la mosquée de Bagdad.*

Je ne voulais pas faire ce sujet qui était trop emblématique. Mais un journal anglais l'a demandé. J'y vais à condition de pouvoir faire un vrai sujet, pas deux photos en dix minutes.

Ali Abbas, 12 ans, vivra sans doute -- il a cette chance si l'on peut dire. La bombe est tombée directement sur leur petite maison. Toute sa famille a été tuée. Les flammes l'ont mutilé. L'infirmière, qui a déjà vu des dizaines de journalistes veut dégager le drap qui repose sur des arceaux. Je refuse. Je ne ferais que des portraits. Un instant, il me regarde d'un air très doux puis il détourne les yeux ; il est mort de peur. C'est un très bel enfant mais l'angoisse dévore ses yeux.

Je ne vois pas de perfusion.

L'infirmière doit l'emmener dans la pièce à côté pour la toilette . Tout naturellement, elle me propose d'entrer avec elle. J'hésite. Comment ne pas se douter de ce qui va suivre ? Ils n'ont plus de morphine… Ils se mettent à trois pour le déposer sur un brancard, puis sur une table dans une pièce carrelée, nue. Elle doit enlever les bandages des moignons, pour le doucher. J'ai cru que l'enfant allait s'évanouir mais c'est moi qui vacillait. L'infirmière a pris une pomme de douche pour le rincer avant d'appliquer une pommade grasse à pleine main !

Tout l'hôpital entend chaque jour cette douleur insupportable. Et moi, j'entendrai toujours ses cris déchirants. En dépit de mon malaise, j'ai quand même pu prendre quelques photos parce que ne rien faire, c'était se taire. Sa douleur doit être constatée par nous tous.

Ali a été transporté dans un hôpital koweitien chic : « On va lui remettre les deux bras », a dit fièrement un humanitaire. Ali a été doublement utilisé. Par les Irakiens qui dénoncent la barbarie américaine. Par les vainqueurs qui prouvent leur magnanimité.

—Jérôme Sessini
13 avril 2003

I didn't want to do this story—it was too emblematic. But an English newspaper has asked for it. I go, on the condition that I can do a real story, not just two pictures in 10 minutes.

Twelve-year-old Ali Abbas has been lucky, so to speak—he will probably live. The bomb fell straight on their little house. His whole family was killed, and he was mutilated by the flames. The nurse, who has already seen dozens of journalists go by, wants to draw back the sheet resting on cradles. I refuse. I'll do portraits. One moment, he looks at me very sweetly then averts his gaze. He is dying of fear. He is a beautiful child, but anguish is devouring his eyes.

I don't see any morphine drip.

When the nurse takes him into the other room to clean him, quite naturally, she invites me to come in with her. I hesitate, knowing what's ahead. Three of them put the child on a stretcher, then on a table in a naked, tiled room. To shower the wounds, the nurse must remove the bandages from the stumps. I thought the boy would pass out, but I'm the one who gets dizzy. She is rinsing him with a showerhead. Then she takes a greasy pomade to rub him with her bare hands.

Every day, the entire hospital hears his screams of unbearable pain. I still hear them now. In spite of my discomfort, I take a few pictures, because doing nothing would be like staying silent. His pain must be known to us all.

Later, he is transferred to a chic Kuwaiti hospital. "He'll be fixed with new arms," proudly claims a humanitarian worker. Ali is doubly used—by the Iraqis to denounce the American barbarians, and by the victors to prove their magnanimity.

—Jérôme Sessini
April 13, 2003

**3/17/2003   CHAMCHAMAL, NORTHERN IRAQ   FLEEING FOR SAFETY**                                          **PHOTO: LYNSEY ADDARIO**
With war imminent, Iraqi Kurds living along the border load into cars to flee the city of Chamchamal on March 17, 2003. Thousands of Kurds
emptied out of the border cities, fearing retaliation and even chemical attacks from Saddam.

**17/03/2003   CHAMCHAMAL, AU NORD DE L'IRAK   FUIR POUR SE METTRE A L'ABRI**
*Le 17 mars 2003, alors que la guerre était imminente, des kurdes irakiens vivant à proximité de la frontière chargeaient leurs véhicules pour fuir*
*la ville de Chamchamal. Des milliers de kurdes ont vidé les villes frontières, craignant des représailles et même une attaque chimique de Saddam.*

**3/5/2003   SULEIMANIYA, NORTHERN IRAQ   FUNERAL OF SUSPECTED ANSAR FUNDAMENTALISTS**                    **PHOTO: LYNSEY ADDARIO**
Female friends and relatives grieve one of the five victims killed in a shootout at a PUK checkpoint in Suleimaniya in northern Iraq on March 5, 2003. The five men had long beards and were accused of being Ansar fundamentalists.

**05/03/2003   AS-SULAYMANIYAH, AU NORD DE L'IRAK   OBSÈQUES DE FONDAMENTALISTES D'ANSAR AL ISLAM**
*Les femmes, proches et parents, pleurent l'un des cinq hommes abattus à un point de contrôle de l'UPK, à As-Sulaymaniyah, dans le nord de l'Irak, le 5 mars 2003. Les cinq hommes, qui portaient de longues barbes, étaient suspectés d'être des fondamentalistes d'Ansar Al Islam.*

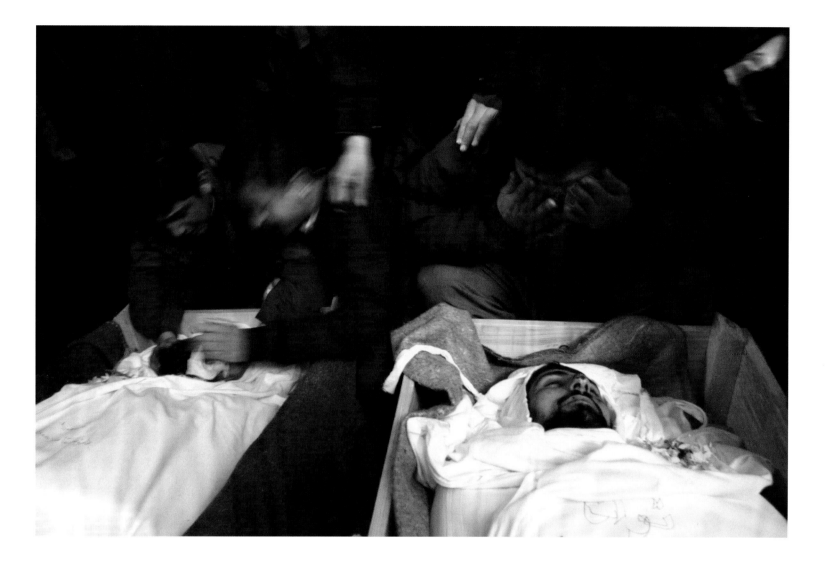

**3/5/2003 SULEIMANIYA, IRAQ FUNERAL FOR ABDULLAH QASRE, VICTIM OF A SHOOTING AT A KURDISH CHECKPOINT PHOTO: LYNSEY ADDARIO**
Friends and relatives stand over the bodies of men killed in a shootout at a PUK checkpoint in Suleimaniya. The five men had long beards and were wrongly accused of being Ansar fundamentalists.

**05/03/2003 AS-SULAYMANIYAH, IRAK FUNÉRAILLES D'ABDULLAH QASRE – ABATTU À UN POINT DE CONTRÔLE KURDE**
*Leurs amis et proches entourent les corps des hommes tués lors d'une fusillade à un point de contrôle de l'UPK, à As-Sulaymaniyah. Les cinq hommes, qui portaient de longues barbes, ont été pris à tort pour des fondamentalistes du mouvement Ansar Al Islam.*

**4/5/2003 IRAQ U.S. MARINES ON THE APPROACH TO BAGHDAD**
An Iraqi woman feeds her baby while fleeing Baghdad as fighting intensifies.

**05/04/2003 IRAK LES MARINES AMÉRICAINS ENTRENT DANS BAGDAD**
*Une irakienne serrant son bébé dans ses bras fuit Bagdad où les combats s'intensifient.*

PHOTO: CHRISTOPHE CALAIS

**3/29/2003  BAGHDAD, IRAQ   AFTERMATH OF BOMBARDMENT OF BAGHDAD**                    **PHOTO: OLIVIER CORET**
An American missile attack on a nearby telephone exchange left an Iraqi man totally distraught at the collateral damage that reduced his house to rubble.

**29/03/2003   BAGDAD, IRAK   CONSÉQUENCES DES BOMBARDEMENT SUR BAGDAD**
*Une attaque américaine au missile sur un central téléphonique proche, a laissé un irakien dans une profonde détresse après que sa maison ait été réduite à l'état de décombres.*

**3/31/2003  BAHANARA, IRAQ   THE RETURN HOME**

PHOTO: LYNSEY ADDARIO

Mohammad, a prisoner of war in Iran for 22 years, hugs his wife while sitting with his daughter Shahla and a relative during a picnic with his family near his home in Bahanara. Two weeks before, his family had wept in joy and disbelief when Mohammad returned home for the first time in more than two decades.

**31/03/2003  BAHANARA, IRAK   RETOUR À LA MAISON**

*Mohammad, prisonnier de guerre en Iran pendant 22 ans, serre sa femme dans ses bras. À côté de lui, sa fille Shahla, et un parent, au cours d'un pique-nique en famille à proximité de leur maison, à Bahanara. Deux semaines auparavant, sa famille pleurait de joie, incrédule, en accueillant Mohammad dans son foyer pour la première fois en plus de deux décennies.*

**3/6/2003  SULEIMANIYA, NORTHERN IRAQ  FUNDAMENTALISTS**　　　　　　　　　　　　　　　　　　　　　　　　**PHOTO: LYNSEY ADDARIO**
Three sisters stand in front of their house in a village ruled by Komala Islami, an Islamic extremist group officially recognized by the PUK, outside of Suleimaniya, northern Iraq.

**06/03/2003  AS-SULAYMANIYAH, AU NORD DE L'IRAK  LES FONDAMENTALISTES**
*Trois soeurs se tiennent devant leur maison dans un village contrôlé par le Komala Islami, un groupe islamiste extrémiste reconnu officiellement par l'UPK, dans la région de As-Sulaymaniyah, dans le nord de l'Irak.*

La nuit dernière, mon traducteur a perdu sa virginité. Mon dieu, j'ai l'impression de parler comme si j'étais sa mère — terrifiée et nerveuse, sachant que Yerevan est sur le point de vivre une expérience qu'il n'est pas prêt d'oublier — probablement plus importante encore que celle d'avoir participer à la médiatisation d'une guerre.

La guerre vient d'entrer dans une nouvelle phase : suite à la chute de Bagdad il y a quelques semaines, les journalistes affluent de la zone kurde au Nord et descendent jusqu'à la capitale pour couvrir les évènements d'après-guerre. Pour la plupart des jeunes Kurdes, c'est aussi une opportunité de descendre à la ville. Bien que les magasins soient fermés pour la plupart, que l'électricité ne soit pas rétablie, et qu'il y ait encore une pénurie d'eau, les célèbres prostituées de Bagdad, quant à elles, n'ont pas été mises au chômage forcé. Elles représentent une tentation irrésistible pour notre équipe de traducteurs composée de jeunes Kurdes irakiens dont les expériences sexuelles se résument à de rares moments devant des films pornographiques pas bien méchants, d'une imagination débordante et diffusés à la télévision satellite.

Depuis mon affectation dans le Nord, Yerevan avait été contraint de vivre son désir d'homme par personne interposée, en écoutant les frasques de son ami Ayub, qui s'était rendu à Bagdad il y a environ 10 jours pour travailler avec un reporter du New York Times Magazine. Mais, il y a quelques jours, j'ai été détachée dans la région de Bagdad pour faire un reportage sur les femmes de la Mujahedin-e Khalq Organisation. Enfin, pour la première fois, Yerevan pouvait maintenant mentalement se préparer à une expérience concrète. Alors que nous étions sur l'autoroute qui s'étend interminablement à travers le désert, mon téléphone satellitaire se mit à sonner. Ayub était à l'autre bout du fil, tout excité, car il avait trouvé la dame parfaite pour son ami : la sœur de trois magnifiques prostituées qui travaillaient dans une maison à Bagdad. Ayub, l'éternel magouilleur, venait d'orchestrer la défloration de son meilleur ami au même titre que n'importe quel autre rendez-vous.

Au cours de ces deux derniers mois, j'avais tout vécu, sauf une vie normale. J'ai passé mon temps à rechercher des chauffeurs, faire réparer des pneus crevés, trouver de l'essence et des chambres d'hôtel avec vue sur le Sud pour que la réception de mon téléphone satellitaire soit meilleure, à essayer de me lever tôt le matin, après une nuit de sommeil de trois heures seulement, pour profiter de la douce lumière matinale et des moments de fraîcheur à l'ombre. Plus nous approchions de Bagdad, plus mes pensées et responsabilités étaient occupées par autre chose.

Que dire à un jeune Kurde irakien de vingt-trois ans qui n'a jamais embrassé une femme de sa vie et qui se tortille d'excitation dès qu'on lui parle d'amour ? Je lui ai fait la leçon du préservatif. En vain. « Le SIDA n'existe pas en Irak », me répond-il.

Je me suis alors demandée comment je pouvais parler des préliminaires à un Musulman.

—Lynsey Addario
5 mai 2003

My translator lost his virginity last night. My God, I felt like his mother—terrified and nervous—knowing that Yerevan was going to have one of the most memorable experiences of his life. Maybe more important than having covered a war.

The war has entered a new phase: with the fall of Baghdad a few weeks ago, journalists have pulled out of the Kurdish area in the North and traveled down to Baghdad to cover the aftermath of the war from there. For many of the young Kurds, Baghdad is a chance to experience big city life. Despite the fact that most stores are still closed, the electricity still cut, water still in short supply, the notorious prostitutes of Baghdad apparently haven't stopped working. They are an irresistible temptation for our team of translators, young Iraqi Kurds whose sexual experiences are limited to rare moments of soft porn on satellite TV and a racing imagination.

Since I had been assigned to cover the North, Yerevan was forced to live vicariously through the dispatches of his best friend, Ayub, who traveled to Baghdad about 10 days ago to work with a reporter for the *New York Times Magazine*. But a few days ago I was assigned to a story outside Baghdad—about the women of the Mujahideen Khalq Organization—and Yerevan's days of envy shifted to mental preparation. As we drove along endless stretches of desert highway, my satellite phone rang, an excited Ayub on the other end. He had found his friend the lady of choice: one of four beautiful sisters who all work as prostitutes out of a house in Baghdad. Ayub, the ultimate fixer, had set up his best friend's deflowering as if he were just arranging another interview.

I had spent the last two months consumed with anything but normal life: arranging drivers, preparing vehicles with spare tires and petroleum, looking for hotel rooms with south-facing windows for satellite reception, trying to wake up early enough on three hours of sleep to take advantage of the soft morning light, the long shadows. As we approached Baghdad, my thoughts and responsibilities shifted.

Where the hell does one start with a 23-year-old Iraqi Kurdish boy who has never kissed a woman and who writhes in excitement at the mere discussion of love? I gave him the condom speech, but to no avail. "There's no AIDS in Iraq," he says.

I wondered how I could possibly explain foreplay to a Muslim.

—Lynsey Addario
May 5, 2003

**3/21/2003 SAFWAN, IRAQ  U.S. TROOPS TAKE CONTROL OF OIL FIELDS AND CITIES IN SOUTHERN IRAQ**  **PHOTO: CHRISTOPHE CALAIS**
In Safwan, one of the first liberated Iraqi cities near the border with Kuwait, U.S. Marines were greeted warmly by some of the children in the town.

**21/03/2003 SAFWAN, IRAK  LES TROUPES AMÉRICAINES PRENNENT LE CONTRÔLE DES CHAMPS PÉTROLIFÈRES ET DES VILLES DU SUD DE L'IRAK**
*À Safwan, l'une des premières villes irakiennes libérées, à proximité de la frontière avec le Koweït, les marines américains sont accueillis avec enthousiasme par les enfants.*

**3/23/2003    BAGHDAD, IRAQ    IRAQIS SEARCH FOR DOWNED AMERICAN PILOT                         PHOTO: ANTOINE SERRA**
Iraqi civilians and soldiers search for an American fighter pilot who is thought to have ejected from his aircraft under Iraqi fire.

**23/03/2003    BAGDAD, IRAK    DES IRAKIENS À LA RECHERCHE D'UN PILOTE ABATTU                    PHOTO: ANTOINE SERRA**
*Des civils et des soldats irakiens recherchent le pilote de chasse américain qui se serait éjecté de son appareil sous le feu irakien.*

Bien entendu, je n'ai pas de visa de journaliste alors que j'en ai fait la demande il y a trois mois déjà. La seule solution pour un photographe qui a suivi les formidables manifestations anti-mondialisation depuis Seattle est de rejoindre officiellement le front anti-capitaliste en tant que militant et de se porter volontaire pour devenir un bouclier humain, armé d'un petit appareil photo numérique et d'un seul objectif. Je commence à prendre des photos pour mon site Web (fictif) en me comportant comme un groupie : un simple témoin avec un grand cœur et un petit appareil photo.

J'ai donc rejoint les soixante boucliers humains qui ont été accueillis par M. Al Ashimi, le chef irakien de l'action humanitaire. Nous sommes logés, nourris, blanchis et manipulés. La tâche principale d'un bouclier humain est de paraître dans tous les médias qui, de leur côté, n'ont rien d'autre à faire. De nouveaux boucliers gonflent nos rangs chaque jour. Très vite, nous sommes 300 issus d'Argentine, du Pakistan ou de Suède...

Trente d'entre nous campent dans la maison d'un ingénieur. Nous avons le droit de nous rendre en ville tous les jours et nous voyons confier la responsabilité de poser devant mes collègues, venus nous immortaliser en train de prendre le petit-déjeuner et d'aller nous coucher. Comme il n'ont pas grand chose d'autre à faire, nous sommes filmés, photographiés et interviewés du haut de nos lits superposés, nous, qui n'avons qu'une seule douche.

Mais, les caméras ne montrent pas ce qui rythme la majeure partie de nos existences ennuyeuses. Les boucliers humains sont sans défense face à leurs problèmes existentiels qu'ils combattent la nuit en prenant du Valium et en se soûlant à la bière. Dans ce club de débats humanitaires, tout le monde pense pouvoir prendre une décision. Tout le monde veut choisir la cible qu'il va protéger avec sa poitrine à nu. Je veux un hôpital, déclare l'un d'eux. Pour moi, c'est une école, dit un autre. M. al-Ashimi suggère les grandes raffineries de pétrole et la station d'épuration. Les Espagnols réclament un hôpital où sont traités les enfants atteints de leucémie. Soudain, comme par hasard, l'accès aux hôpitaux est interdit pour des raisons d'hygiène malgré le fait qu'ils soient des centres stratégiques pour l'aide humanitaire.

Les francophones et anglo-saxons se disputent si souvent que toutes les deux nuits je vais dormir à l'hôtel Palestine, lieu de résidence obligatoire de la presse, tout en comptant sur une brève offensive des Américains pour que je puisse enfin me mettre au travail.

—Antoine Serra
20 mars 2003
Bagdad

Of course, I don't have a press visa, even though I put in a request three months ago. The only solution for a photographer who has been following the great antiglobalization demonstrations since Seattle is to officially join the anticapitalist front, as a grassroots militant volunteering to be a human shield with a small digital camera and a single lens. I start taking pictures for my (fictitious) website right away, acting like a groupie—just another witness with a big heart and a small camera.

I join up with 60 human shields to be welcomed by Mr. al-Ashimi, head of Iraqi humanitarian action. We are fed, housed, laundered, and manipulated. The prime duty of a human shield is to be shown to the press, who have nothing else to do. New shields come in every day: soon there are 300 of us, coming from Argentina, Pakistan, or Sweden.

Thirty of us camp in an engineer's house, with the right to go into town every day and the duty to pose in front of my colleagues, come to immortalize us taking breakfast and going to bed. Since they don't have much else to do, we, with our little bunks and our single shower, are filmed, photographed, interviewed.

But the cameras don't show what makes up the bulk of our dull existences. Human shields are defenseless against their existential problems, which they deal with at night with Valium and beer. In this humanitarian debating club, everyone thinks he can make decisions. Everybody wants to choose the target he will protect with his bare chest exposed. I want a hospital, says one. For me it's a school, says another. Ashimi suggests the great oil refinery and the water purification station. The Spanish ask for a hospital where children with leukemia are treated. All of a sudden, hospitals, in spite of being strategic centers for humanitarian aid, become off-limits for hygienic reasons.

French speakers and Anglo-Saxons argue so much that every second night, to get away from the fighting, I sleep in the Palestine Hotel—the compulsory residence for the press—counting on a quick offensive by the Americans so I can start doing my job for real.

—Antoine Serra
March 20, 2003
Baghdad

**3/27/2003  BAGHDAD, IRAQ  BAGHDAD AFTER THE BOMBARDMENT**
**PHOTO: OLIVIER CORET**
A statue of Saddam Hussein near the Saddam Tower, which
sustained damage after being hit by an American missile.

**27/03/2003  BAGDAD, IRAK  BAGDAD APRÈS LES BOMBARDEMENT**
**PHOTO: OLIVIER CORET**
*Statue de Saddam Hussein située à proximité de la tour Saddam
endommagée après avoir été frappée par un missile américain.*

**3/25/2003   AL-FAYSALIYAH, IRAQ   MILITARY OPERATION IN IRAQ**                                        **PHOTO: WARREN ZINN**

PFC Joseph Dwyer, 26, from Mount Sinai, New York, runs while carrying a young Iraqi boy who was injured during a heavy battle between the U.S. Army's 7th Cavalry Regiment and Iraqi forces near the village of al-Faysaliyah. During a full night of fighting, the 7th Cavalry suffered no casualties, while the Iraqis suffered an estimated 150.

**25/03/2003   AL-FAYSALIYAH, IRAK   OPÉRATIONS MILITAIRES EN IRAK**

*Le soldat Joseph Dwyer, 26 ans, de Mount Sinai, dans l'État de New York, court avec, dans ses bras, un jeune irakien blessé lors de combats très violents entre le 7ème régiment de cavalerie de l'US Army et les forces irakiennes à proximité du village d'Al Faysaliyah. Après une nuit de combats ininterrompus, le 7ème de cavalerie n'avait enregistré aucune perte, tandis que les irakiens comptaient quelques 150 victimes.*

**3/26/2003   AL-KIFL, IRAQ   U.S. SOLDIERS PATROL AL-KIFL: SITE OF INTENSE FIGHTING**                    **PHOTO: DAVID LEESON**
Troops with Task Force 2-69 Armor, 3rd Brigade Combat Team, 3rd Infantry Division, from Fort Benning, Georgia, move through al-Kifl, Iraq, during a sandstorm. Al-Kifl has been the scene of intense fighting. Numerous dead Iraqi soldiers line the main street through town.

**26/03/2003   AL-KIFL, IRAK   DES SOLDATS AMÉRICAINS PATROUILLENT AL KIFL, LIEU DE VIOLENTS COMBATS**
*Des soldats de la force opérationnelle blindée 2-69, équipe de combat de la 3ème brigade, 3ème division d'infanterie, basée à Fort Benning, en Georgie, à Al-Kifl, en Irak, durant une tempête de sable. Al Kifl a été la scène de violents combats. De nombreux cadavres de soldats irakiens jonchent la rue principale de la ville.*

**3/24/2003  IRAQ  ARMY TROOPS ADVANCE NORTH THROUGH IRAQ**                    **PHOTO: DAVID LEESON**

Shoes on the body of an Iraqi soldier killed as army troops advanced north through Iraq tell a story about a poorly equipped army. Almost all of the Iraqi dead—more than eight in one location—were wearing worn-out civilian shoes.

**24/03/2003  IRAK  L'ARMÉE AVANCE EN TERRITOIRE IRAKIEN, EN DIRECTION DU NORD**

*Les chaussures du cadavre d'un soldat irakien tué lors de l'avancée de l'armée américaine en territoire irakien en direction du nord racontent l'histoire d'une armée mal équipée. Presque tous les irakiens tués (plus de huit à cet endroit) portaient des chaussures civiles usées.*

**03/26/2003  BAGHDAD, IRAQ   AMERICAN BOMBINGS IN BAGHDAD**                                          **PHOTO: OLIVIER CORET**
Blood bathes the pavement in the suburb of al-Chaab after two American missiles exploded, killing 14 people and wounding many others.

**26/03/2003  BAGDAD, IRAK   BOMBARDEMENTS AMÉRICAINS SUR BAGDAD**
*Tâches de sang sur la chaussée du quartier d'Al-Chaab, après l'explosion de deux missiles américains ayant tué 14 personnes et blessé de nombreuses autres.*

**3/24/2003   IRAQ   THIRD BRIGADE COMBAT TEAM MOVES INTO IRAQ**                                                **PHOTO: DAVID LEESON**
A U.S. Marine walks slowly past the bodies of fallen Iraqi soldiers in a desert somewhere in Iraq. One marine commented on the deaths by quietly asking as he walked away, "Why do we do these things to one another?"

**24/03/2003   IRAK   UNE SECTION DE COMBAT APPARTENANT À LA 3ÈME BRIGADE ENTRE EN IRAK**
*Un marine américain se déplace avec précaution à proximité des corps de soldats irakiens tombés dans le désert, quelque part en Irak. Commentaire d'un marine sur ces morts, formulé à voix basse alors qu'il s'éloignait : "pourquoi est-ce que nous nous faisons ça les uns aux autres ?"*

**3/6/2003  SULEIMANIYA, NORTHERN IRAQ  FOUR WOMEN ON ROAD**
**PHOTO: LYNSEY ADDARIO**
Women walk through a village ruled by Komala Islami, an Islamic extremist group officially recognized by the PUK, outside of Suleimaniya, northern Iraq, on March 6, 2003. The Komala region is believed to be infiltrated by members of the Ansar terrorist organization and is one of the most conservative Muslim areas in northern Iraq.

**06/03/2003  AS-SULAYMANIYAH, AU NORD DE L'IRAK  QUATRE**
**FEMMES SUR LA ROUTE  PHOTO: LYNSEY ADDARIO**
*Des femmes traversent un village sous le contrôle du Komala Islami, un groupe islamiste extrémiste reconnu officiellement par l'UPK, dans la région de As-Sulaymaniyah, dans le nord de l'Irak, le 6 mars 2003. La région de Komala aurait été infiltrée par des membres de l'organisation terroriste Ansar. C'est l'une des zones musulmanes les plus conservatrices du nord de l'Irak.*

**4/6/2003 BAGHDAD, IRAQ U.S. TROOPS FIGHT IN THE STREETS OF BAGHDAD** **PHOTO: DAVID LEESON**
On the front line of the U.S. Army's assault on Baghdad, armor from the 3rd Brigade Combat Team, 3rd Infantry Division advances through an inferno of smoke and fire.

**06/04/2003 BAGDAD, IRAK LES TROUPES AMÉRICAINES AU COMBAT DANS LES RUES DE BAGDAD**
*Sur le front de l'assaut de l'US Army à Bagdad, un blindé d'une section de combat de la 3ème brigade, 3ème division d'infanterie, progresse dans un enfer de fumée et de feu.*

**4/8/2003  SARGET, IRAQ  U.S. SPECIAL FORCES AND PUK FIGHTERS AT WORK IN NORTHERN IRAQ**                    **PHOTO: LYNSEY ADDARIO**
A U.S. Special Forces soldier shines a flashlight on mortar abandoned in the Ansar stronghold in Sarget, northern Iraq. Sarget was identified by
Secretary of State Colin Powell as a possible chemical weapons site, but only conventional weapons were found there.

**08/04/2003  SARGET, IRAK  LES FORCES SPÉCIALES AMÉRICAINES ET DES COMBATTANTS DE L'UPK À L'ŒUVRE DANS LE NORD DE L'IRAK**
*Un soldat des forces spéciales américaines braque une torche sur un mortier abandonné dans le fief d'Ansar Al Islam à Sarget, dans le nord de
l'Irak. Bien que le site ait figuré au nombre de ceux énumérés par le Secrétaire d'État Colin Powell comme susceptibles d'abriter des armes chim-
iques, seules des armes conventionnelles y ont été découvertes.*

**4/10/2003  IRAQ  U.S. TROOPS CONTINUE TO STABILIZE BAGHDAD**                                                    **PHOTO: DAVID LEESON**
From his Bradley fighting vehicle, Sergeant First Class Anthony Jones of Philadelphia gives a thumbs-up to Iraqi civilians cheering the American troops entering Baghdad.

**10/04/2003  IRAK  LES TROUPES AMÉRICAINES POURSUIVENT LEUR MISSION DE STABILISATION DE BAGDAD**
*Depuis son véhicule de combat Bradley, le sergent de 1ère classe Anthony Jones, de Philadelphie, adresse un signe de victoire aux civils irakiens qui acclament les troupes américaines qui entrent dans Bagdad.*

**4/14/2003   TIKRIT, IRAQ   U.S. TROOPS OCCUPY TIKRIT**                                                          **PHOTO: KATE BROOKS**

U.S. Marines rolled into Tikrit early the previous morning. In the north, there have been no mass surrenders. Iraqi troops, Republican Guard, and Fedayeen have returned home in civilian clothes and are now mixed in among the general population. Tikritis must be searched before returning home due to security threats such as car bombs. The marines have not been met by cheering crowds. The Saddam statues have not been pulled down. Marines and locals keep their distance outside of one of Saddam's palaces.

**14/04/2003   TIKRIT, IRAK   LES TROUPES AMÉRICAINES OCCUPENT TIKRIT**

*Hier, tôt le matin, les Marines américains sont entrés dans Tikrit. Dans le nord, pas de redditions de masse. Les troupes irakiennes, la garde républicaine et les fedayins de Saddam sont rentrés chez eux en vêtements civils et se sont mêlés à la population. Pour parer à d'éventuelles atteintes à la sécurité, telles que des voitures piégées, les Tikritis sont fouillés avant d'être autorisés à rentrer chez eux. Les marines n'ont pas été accueillis par des foules enthousiastes. Les statues de Saddam n'ont pas été renversées. Les marines et la population locale gardent leur distance devant l'un des palais de Saddam.*

Alors que nous traversions la ville de Tikrit le matin de sa chute, un groupe d'Arabes armés jusqu'aux dents et très en colère nous a tiré dessus. Ensuite, ils nous ont emmenés dans une maison. L'atmosphère était très tendue. Ils n'ont pas cessé de nous parler des Kurdes qui arrivaient dans leur région et qui se livraient à des pillages. Nos traducteurs kurdes, qui parlaient l'arabe, devaient nous traduire leurs propos en anglais : « Nous haïssons les Kurdes », disaient-ils, ce qui faisait élever la tension encore plus.

Ils se disputaient pour savoir s'ils devaient nous relâcher ou pas. Le cheik à leur tête a commencé à discuter avec certains de ses subordonnés et s'est mis en colère sous prétexte qu'ils ne l'écoutaient pas. Juste à côté de nous, un feu brûlait ; il s'y est jeté et a commencé à se recouvrir de charbon brûlant. On a dû l'emmener. La situation était devenue incontrôlable.

Au début, nous avons dû accepter de dire aux Kurdes que s'ils venaient à traverser cette région, ils seraient abattus. Ensuite, j'ai réussi à les convaincre qu'il serait plus logique qu'ils nous remettent aux Américains qui s'étaient emparés du pont qui mène à Tikrit, car ils seraient probablement les seuls à pouvoir faire quelque chose concernant les problèmes de sécurité de cette région. Ils finirent par accepter.

L'un d'entre eux a déclaré : « Attendez cinq minutes, je vais mettre mon uniforme de la Croix- Rouge. » Quelques instants plus tard, il est revenu habillé comme un membre de la Croix-Rouge. Nous avons regagné nos voitures et avons accroché des drapeaux blancs sur les antennes, en espérant que nous n'allions pas nous faire attaquer par une rafale de tirs amis tandis que nous approchions du pont.

—Kate Brooks
12 juin 2003

Driving into Tikrit the morning the city fell, we were shot at by a large group of heavily armed, angry Arabs, who then took us to a house. It was a very tense situation. The entire time they spoke to us about the Kurds coming into their area and looting. Our Kurdish translators, who spoke Arabic, had to translate "We hate Kurds" into English, which created even more tension.

There was an argument among the people holding us as to whether they should let us go. The sheikh who was in charge started to argue with a number of his subordinates and got very angry that they weren't listening to him. There was an open fire area nearby, and he jumped into it and proceeded to throw hot coals all over himself. He had to be taken away. The whole scene was out of control.

Initially we had to agree to tell the Kurds that if they came through that area, they would be shot dead. Eventually I convinced the Arabs that it would be most logical to take us to the Americans who had captured the bridge leading into Tikrit, that the Americans were the ones who would most likely be able to do something about the security situation in the area. In the end, they agreed.

There was a man there who said, "Okay, five minutes, I'm going to go put on my Red Cross uniform." He came back dressed up as a Red Cross worker. We went to our cars and tied white cloth to the antennas, hoping that we wouldn't be shot by friendly fire as we approached the bridge.

—Kate Brooks
June 12, 2003

**4/8/2003   BAGHDAD, IRAQ   U.S. TROOPS SECURE AREAS AROUND BAGHDAD                                   PHOTO: DAVID LEESON**
An American A-10 Warthog circles past smoke from burning Republican Guard barracks in northern Baghdad. One of these planes was later hit by an Iraqi surface-to-air missile, forcing the pilot to eject. The pilot was safely recovered.

**08/04/2003   BAGDAD, IRAK   DES TROUPES AMÉRICAINES SÉCURISENT DES ZONES DANS LA RÉGION DE BAGDAD   PHOTO: DAVID LEESON**
*Un A-10 « tueur de chars » américain décrit des cercles autour de la colonne de fumée montant des casernes en flammes de la garde républicaine irakienne, au nord de Bagdad. L'un de ces appareils a, par la suite, été touché par un missile sol-air irakien, ce qui a contraint le pilote à s'éjecter. Ce pilote a été récupéré sain et sauf.*

**4/16/2003   BAGHDAD, IRAQ   GENERAL TOMMY FRANKS VISITS BAGHDAD**                                                                                     **PHOTO: KAREN BALLARD**
Upon landing at the newly named Baghdad International Airport, General Tommy Franks pumps a power salute to the troops as he is welcomed to the Iraqi capital for the first time.

**16/04/2003   BAGDAD, IRAK   LE GÉNÉRAL TOMMY FRANKS VISITE BAGDAD**
*Après son atterrissage sur l'aéroport international de Bagdad, récemment rebaptisé, le général Tommy Franks adresse aux troupes un vigoureux salut, alors qu'il est accueilli pour la première fois dans la capitale irakienne.*

**3/31/2003  OUTSIDE OF NAJAF, IRAQ  THE 101ST AIRBORNE PERFORMS HOUSE-TO-HOUSE CLEARING NEAR NAJAF**     **PHOTO: BENJAMIN LOWY**
Two snipers clear an Iraqi military building while searching for a firing position in a military compound outside the city of Najaf.

**31/03/2003  ENVIRONS DE NAJAF, IRAK  LA 101ÈME AÉROPORTÉE PROCÈDE À DES OPÉRATIONS DE SÉCURITÉ MAISON PAR MAISON À PROXIMITÉ DE NAJAF**
*Deux tireurs d'élite contrôlent un bâtiment militaire irakien, à la recherche d'une position de tir, dans un camp militaire, à proximité de la ville de Najaf.*

**4/8/2003  BAGHDAD, IRAQ  U.S. TROOPS TAKE CONTROL OF MUCH OF BAGHDAD**    PHOTO: MICHAEL MACOR
In a southeastern section of Baghdad, a bullet-riddled portrait of Saddam Hussein sports a spray-painted message.

**08/04/2003  BAGDAD, IRAK  LES TROUPES AMÉRICAINES S'EMPARENT DE LA PLUS GRANDE PARTIE DE LA VILLE DE BAGDAD**
*Dans les quartiers sud-est de Bagdad, un portrait de Saddam Hussein criblé de balles arbore un message fait à la bombe à peinture.*

**4/12/2003  BAGHDAD, IRAQ  ENEMY PRISONERS OF WAR AT SADDAM INTERNATIONAL AIRPORT**          **PHOTO: BENJAMIN LOWY**
Enemy prisoners of war are kept behind barbed wire in a military police compound at Saddam International Airport.

**12/04/2003  BAGDAD, IRAK  PRISONNIERS DE GUERRE À L'AÉROPORT INTERNATIONAL SADDAM**
*Des prisonniers de guerre sont gardés derrière des barbelés dans un camp de la police militaire sur l'aéroport international Saddam.*

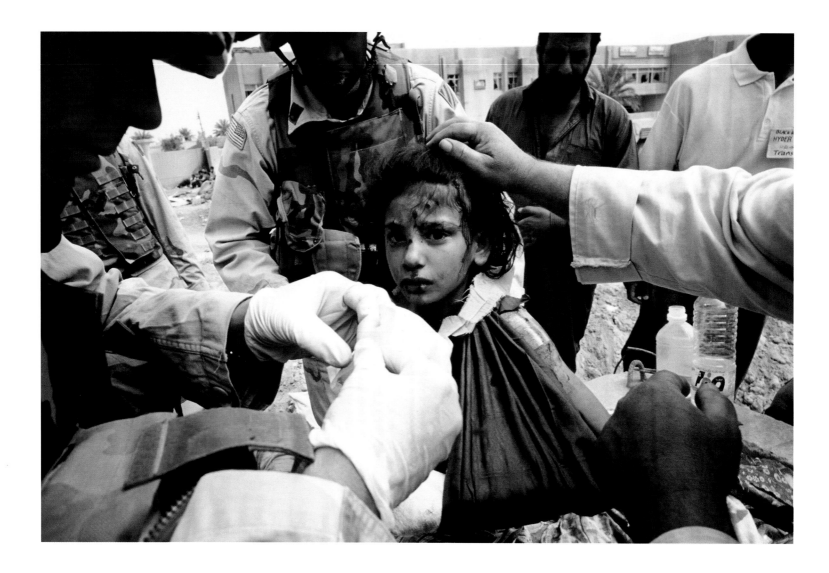

**4/24/2003   BAGHDAD, IRAQ   U.S. SOLDIERS AID WOUNDED IRAQIS**                                          **PHOTO: ANTOINE GYORI**
U.S. Army medics treat a young girl wounded by an exploding land mine in Baghdad before evacuating her to a military hospital.

**24/04/2003   BAGDAD, IRAK   DES SOLDATS AMÉRICAINS AIDENT DES BLESSÉS IRAKIENS**
*Des médecins de l'US Army soignent une fillette blessée par l'explosion d'une mine à Bagdad avant de l'évacuer vers un hôpital militaire.*

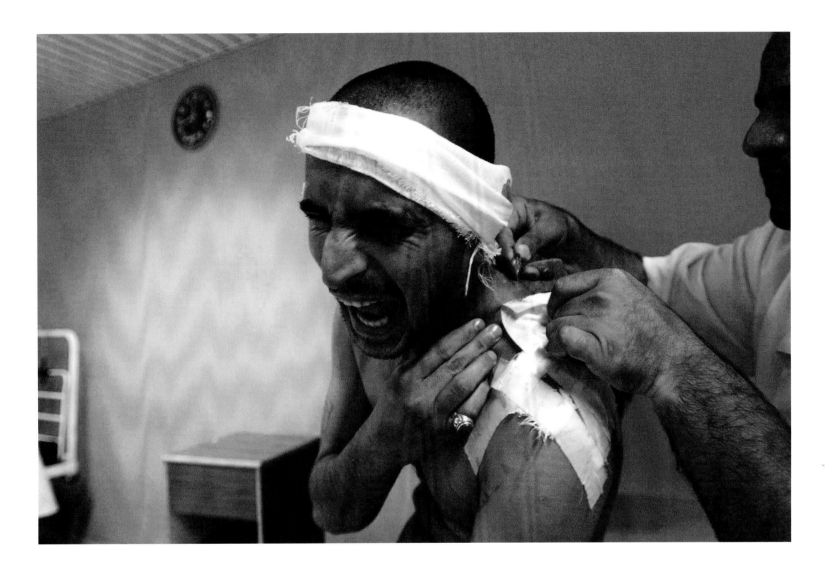

**4/15/2003   BAGHDAD, IRAQ   MEDICAL CARE AT THE SADDAM CITY MEDICAL HOSPITAL**                          PHOTO: JEHAD NGA
An Iraqi patient in the Saddam City Medical Hospital is treated for a shoulder injury caused by flying shrapnel.

**15/04/2003   BAGDAD, IRAK   SOINS MÉDICAUX À L'HÔPITAL MÉDICAL DE SADDAM CITY**
*Un patient irakien est traité pour une blessure d'éclats à l'épaule.*

Je n'ai jamais vu un cataclysme pareil, c'est une lumière de ciel d'apocalypse : nous ne sommes plus sur terre mais dans la lumière d'un gigantesque incendie, un brasier froid. C'est une tempête de sable qui nous rend au néant. Même les chars doivent s'arrêter au risque de se perdre. Aucune technologie ne peut protéger le matériel et aider les hommes. Un sable fin comme la farine pénètre partout. Aveuglés, nous essayons de nous calfeutrer dans la voiture secouée par un vent de tornade. Des fantômes frôlent parfois la voiture, pliés en deux pour lutter contre le vent : ce sont les marines qui font des rondes, dans une sorte de maelström figé et aveuglant. Cette cécité est aggravée par le stress ne pas être au bon endroit au bon moment. Nous sommes statufiés dans le sable, on parle de tout, de rien, on surfe sur les questions personnelles. Comme toujours dans ce genre de situation, j'ai besoin de me concentrer alors que d'autres ont besoin de déconner, donc je parle le moins possible. La météo nous ensevelit, Bagdad s'éloigne.

Nos rapports avec les soldats changent insensiblement. Ce sont tous des jeunes d'une vingtaine d'années qui sont loin de chez eux depuis trois ou six mois, sans contacts récents avec leurs familles. Ils viennent nous voir, spontanément, puis nous établissons une relation d'échange que nous baptisons « food for fun », pastiche de « pétrole contre nourriture ». Ils ont des rations alors que nous avions prévus deux jours de bouffe. Nous avons des téléphones satellites. Ils peuvent enfin téléphoner à leurs belles, et ils ne viennent pas les mains vides.

J'envoie des e-mails pour eux. Je me souviens d'une Kenia à qui j'ai écrit , de la part d'un Jim des plus sympa, qui a répondu : «tu me manques , j'ai hâte de retrouver, je t'aime ». Nous sommes pareils, sinon frères.

Le responsable du camion d'eau, nous gâte parce que nous sommes français et qu'il est haïtien, il parle un français coloré, et nous appelle ses « copains français » . Il dit à ses potes américains que les filles de Paris sont les plus belles du monde.

Bien que notre unité soit la plus au nord, je crains d'arriver à Bagdad sans voir un seul Irakien vivant. Tout ce que nous voyons, ce sont des cadavres calcinés par les bombes ou les mortiers. Nous ne voyons jamais l'ennemi.

—Christophe Calais
25 mars 2003

I never saw such a cataclysm. We're not on earth anymore, the sky is a gigantic blaze, a cold inferno, a foretaste of apocalypse. The sandstorm engulfs us in its void. Even the tanks have to stop for fear of getting lost. No amount of technology can protect the equipment and help the men. Sand as fine as flour penetrates everything. Blinded, we hole up in the car, buffeted by the storm. Ghosts sometimes brush against the car, doubled up to fight against the wind—the marines are making their rounds in a static, blinding maelstrom. This blindness is made even worse by the stress of not being at the right place at the right moment. Petrified by the sand, we talk about anything and everything, skirting around personal matters, avoiding the most burning questions. As always in this type of situation, I need to concentrate while others need to goof off, so the less I speak, the better. Buried alive by the weather, I feel Baghdad is getting further and further away.

Our relationship with the troops evolves slowly. They're all 20-year-old kids who've been away from home for three to six months, without recent contact with their families. They come to see us spontaneously, and we establish relationships based on trade. We call it "Food for Fun," a play on "Food for Oil." They have rations—we don't. We've brought only two days' supplies. But we have satellite phones, so they can call their wives and girlfriends at last. And they never come empty-handed.

I send e-mails for them. I remember a girl called Kenia, to whom I wrote for a very sweet Jim, who answered, " I miss you, I can't wait to see you, I love you." We're all the same, if not brothers.

The guy who runs the water-cistern truck spoils us because we're French and he's Haitian. He speaks a colorful patois and calls us his "French pals." He tells his American friends that the girls in Paris are the prettiest in the world.

Even though our unit's position is the northernmost, I'm afraid of entering Baghdad without having run across a single living Iraqi. All we see are corpses burned up by bombs or shells. We hear mortar strikes, but we never see the enemy.

—Christophe Calais
March 25, 2003

**4/7/2003   BAGHDAD, IRAQ   U.S. MARINES ENTER BAGHDAD**                    PHOTO: CHRISTOPHE CALAIS
On the front lines, entering Baghdad across the Tigris River, a marine stops to look at pictures of his wife and family.

**07/04/2003   BAGDAD, IRAK   LES MARINES AMÉRICAINS ENTRENT DANS BAGDAD**
*Sur la ligne de front, en traversant le Tigre, à l'entrée de Bagdad, un marine s'arrête pour regarder des photos de sa femme et de sa famille.*

**4/7/2003  IRAQ  U.S. TROOPS FIGHT IN THE STREETS OF BAGHDAD**                                    **PHOTO: CHERYL DIAZ MEYER**

Master Gunnery Sergeant Frank Cordero, a 28-year marine veteran, inhales the scent of a letter from his wife, Melissa, after receiving mail for the first time since the 2nd Tank Battalion left Camp Coyote to advance on Iraq three weeks before.

**07/04/2003  IRAK  LES TROUPES AMÉRICAINES SE LIVRENT A DES COMBATS DE RUE**

*L'artilleur, Sergent F.Cordero, un Marine vétéran de 28 ans, hume le parfum que sa femme Melissa a déposé sur la première lettre qu'il a reçue depuis que le 2ème bataillon blindé, ait quitté le camp Coyote il y a trois semaines pour avancer sur Bagdad.*

Nous avons traversé Bagdad et, ironiquement, nous avons été acclamés par une foule en liesse. Amassées sur le seuil de leur porte, des familles entières agitaient leurs main en nous adressant des sourires et en levant leur pouce en signe d'approbation. Les femmes n'en croyaient pas leurs yeux ; tout excitées, elles me montraient du doigt à d'autres femmes tout en me faisant signe. Au fur et à mesure que le bataillon avançait dans d'autres villages, les femmes iraquiennes semblaient soulagées de me voir, moi, une femme, au beau milieu de ces soldats en tenue de camouflage. Elles se disaient probablement que les Marines devaient être civilisés pour accueillir une femme parmi eux.

Nous sommes arrivés sur le campus de l'université de Bagdad où j'ai rencontré par hasard l'envoyée spéciale du New York Newsday. Elle avait encore les cheveux nattés en tresses africaines comme avant son départ du Koweït, le 18 mars dernier. Elle cherchait désespérément des toilettes. Notre conversation vira donc vers la difficulté de faire ses besoins naturels sur le champ de bataille. Elle aussi s'était retrouvée seule parmi des centaines de Marines représentants de la gent masculine. Apparemment, depuis que nous avions quitté le Koweït, elle s'était douloureusement efforcée de se retenir jusqu'à la tombée du jour. Mais, la moitié du bataillon portait ces satanées lunettes de nuit. Je lui ai fait part de ma stratégie qui consistait à utiliser un poncho. Je pouvais le sortir avec précipitation pendant une avancée, faire mes besoins sous cette cape et la ranger en un clin d'œil, en tout cas aussi rapidement qu'un homme l'aurait fait dans cette situation. C'est donc à mon grand embarras que j'étais devenue la Reine du poncho du Deuxième bataillon de blindés. Si ma mère savait que j'ai appris à faire mes besoins au vu et au su de milliers d'hommes, elle en mourrait. Il m'est d'ailleurs arrivé de « remplir ma mission » alors que l'ennemi attaquait notre convoi.

—Cheryl Diaz Meyer
13 avril 2003
Bagdad

We drove through Baghdad and were met, ironically, by cheering crowds. Families positioned themselves in doorways to wave, smile, and give us the thumbs-up. Women stared in disbelief and pointed me out to other women, waving excitedly. During other battalion advances through villages, Iraqi women seemed very relieved to see me—a woman—in the midst of all the camouflage. I suppose they figure the marines must be civilized if even one woman is present among them.

We arrived at the campus of Baghdad College, where I ran into a *New York Newsday* reporter who still had cornrows in her hair from before she left Kuwait on March 18. She was in a big, bad hurry to find a bathroom. Our conversation led to topics such as how she fared in the field regarding privacy needs. She, too, had been embedded with several hundred male marines. She apparently had been suffering, trying to restrict her needs until nighttime since we left the camp in Kuwait. But half the battalion is equipped with those pesky NVGs (night vision goggles). I shared with her that I had adopted the very strategic use of a poncho—I can whip it out during a battle advance, do my business under my cloak, and remove it in almost the same time it would take a man to do the same. So with some embarrassment, I have been the Poncho Queen of the 2nd Tank Battalion. If my mother only knew that I have learned to do my business in plain view of hundreds of men, she would surely die. Once, I even "fulfilled my mission" while in a convoy receiving enemy fire.

—Cheryl Diaz Meyer
April 13, 2003
Baghdad

**4/5/2003  IRAQ  U.S. SOLDIERS RELAX**
PHOTO: DAVID LEESON
Happy for a swim, Specialists George Gillette and Robert Boucher with Task Force 2-69 Armor, 3rd Brigade Combat Team, 3rd Infantry Division jump into an irrigation pond at an undisclosed location in Iraq.

**05/04/2003  IRAK  SOLDATS AMÉRICAINS AU REPOS**
*Sautant sur l'occasion de piquer une tête, les soldats George Gillette et Robert Boucher, de la force opérationnelle blindée 2-69, équipe de combat de la 3ème brigade, 3ème division d'infanterie, plongent dans un réservoir d'irrigation situé en un lieu non divulgué, quelque part en Irak.*

**4/5/2003   AL-KUFA, IRAQ   U.S. TROOPS CONTINUE OCCUPATION OF NAJAF**                                                            **PHOTO: BENJAMIN LOWY**
Soldiers with the 3rd Battalion, 1st Brigade of the 101st Airborne Assault Division read some men's adult magazines at their makeshift barracks
in al-Kufa, a suburb of Najaf.

**05/04/2003   KOUFA, IRAK   LES TROUPES AMÉRICAINES POURSUIVENT L'OCCUPATION DE NAJAF**
*Des soldats du 3ème bataillon de la 1ère brigade de la 101ème division d'assaut aéroportée lisant des magazines pour adultes dans leurs
baraquements improvisés à Koufa dans un faubourg de Najaf.*

**4/16/2003  BAGHDAD, IRAQ   U.S. COMMANDER GENERAL TOMMY FRANKS ARRIVES IN BAGHDAD**          **PHOTO: KAREN BALLARD**
Seated inside a palace of former Iraqi leader Saddam Hussein, U.S. Commander General Tommy Franks smokes a cigar during a phone call with Defense Secretary Donald Rumsfeld.

**16/04/2003   BAGDAD, IRAK   LE COMMANDANT EN CHEF AMÉRICAIN, LE GÉNÉRAL TOMMY FRANKS, ARRIVE À BAGDAD**
*Installé dans le palais de l'ancien dictateur irakien, Saddam Hussein, le commandant en chef américain, le général Tommy Franks, fume un cigare en s'entretenant au téléphone avec le secrétaire à la défense, Donald Rumsfeld.*

**04/27/2003   SADDAM CITY, BAGHDAD, IRAQ   LIFE CONTINUES AT SADDAM CITY**
Eight-year-old Warda stands in front of the ruins of her house in Saddam City.

**27/04/2003   SADDAM CITY, BAGDAD, IRAK   LA VIE CONTINUE À SADDAM CITY**
*Warda, huit ans, se tient devant les ruines de sa maison, à Saddam City.*

**PHOTO: ANTOINE GYORI**

Arrivé, par la force des choses, pas de mon plein gré, à la fin de la guerre, j'ai choisi de travailler à Saddam City, où j'avais déjà fait, cinq fois, des sujets magazines. La ville chiite s'est renommée Saddar en hommage à l'un de ses plus grands imams, massacré avec toute sa famille par Saddam Hussein. Comme beaucoup de ses habitants mobilisés pour la guerre Iran-Irak.

Les américains ne sont pas rentrés tout de suite, ce sont les imams qui ont, de leur seule autorité religieuse, installé un ordre très réel. Les pillards ont rendus leurs larcins. Et le vendredi, le spectacle de ces dizaines milliers de croyants, faisant la prière, à perte de vue, était très impressionnant.

J'ai vécu six semaines dans Saddar City, qui réapprenait à vivre dans le dénuement. Les habitants ne voulaient pas de grands mots, mais de l'eau, de l'électricité, un service de nettoyage des rues. Le minimum pour une vie décente, pour une vie tout court. Le gaz avait septuplé : une famille ne pouvait plus acheter une bonbonne, donc cuisiner des plats chauds. Les Américains avaient si bien dévalué la monnaie que la pastèque qui valait cinquante cents la veille, coûtait aujourd'hui cinq dollars.

L'opinion a très vite évolué, à l'image de ces enfants plein d'élan qui avaient d'abord été tout sourires et qui finirent par caillasser les véhicules militaires. Ils ne pouvaient pas ne pas remercier ceux qui les avaient délivrés d'un bourreau, mais la force de leur identité nationale et religieuse exigeait que les sauveurs ne s'éternisent pas. Ils étaient partagés d'autant que l'ombre de Saddam obscurcissait toujours leur avenir. Une irakienne, amie de mon hôte, m'a dit : « je te parlerais librement quand j'aurais touché le cadavre de Saddam, après son exécution ».

Ils sont quelques millions qui pensent comme elle. Tant de bruits et de rumeurs circulent dans la rue, les mosquées et non par la télévision dont ils sont privés puisqu'ils n'ont plus d'électricité, Saddam va revenir. Dans l'urgence d'un quotidien de disette, l'imagination galope plus vite et les craintes anciennes sont toujours vivaces. Pour le comprendre, il faut les comprendre.

—Antoine Gyori
juin 2003
Saddar City

Without intending to, I came here after the war was over. So I chose to work in Saddar City, where I'd already done five magazine features. The Shi'ite city has renamed itself Saddar to honor one of its greatest imams, who was murdered along with his entire family by Saddam Hussein—like many of the city's inhabitants during the Iran-Iraq War.

The Americans didn't come in right away, and it was up to the imams to reinstate order through their sole religious authority. The looters gave back their spoils. And on Friday the sight of tens of thousands of faithful praying as far as the eye could see was very impressive.

I stayed for six weeks in Saddar City, where people were learning to live in total destitution. They didn't want fancy words, just water, electricity, a sanitation system for the streets—the bare necessities of a decent life, of any sort of life. The price of domestic gas was seven times higher than before the war: families couldn't afford a single carboy and couldn't cook their meals. The Americans had devaluated Iraqi currency so much that a watermelon worth 50 cents the day before cost five dollars the next day.

Public opinion evolved very quickly, just like those children who started out with smiles and ended up throwing stones at military vehicles. They couldn't help but thank those who had freed them from their oppressor, but the strength of their religious and national identity demanded that their saviors didn't stay around too long. They were torn, especially since the shadow of Saddam still loomed over their future. An Iraqi woman, a friend of my host, told me, "I'll speak to you freely when I've touched Saddam Hussein's corpse, after his execution."

There are millions of people who feel just as she does. So many rumors are circulating in the streets and mosques—they don't have television because they don't have any electric power. They hear that Saddam is coming back. In the daily emergencies of a life of deprivation, imagination runs wild, and old fears are still alive. To understand this, you have to understand them.

—Antoine Gyori
June 2003
Saddar City

**4/7/2003  BAGHDAD, IRAQ  IRAQI RESISTANCE CONTINUES IN BAGHDAD**     **PHOTO: PATRICK ROBERT**
A powerful bomb launched from an aircraft destroyed a block of houses in the Mansour neighborhood, leaving a crater 10 meters deep. More than 20 people, most probably families, may lie under the debris.

**07/04/2003  BAGDAD, IRAK  LA RÉSISTANCE IRAKIENNE SE POURSUIT À BAGDAD**
*Une bombe puissante, larguée par avion, a détruit un pâté de maisons dans le quartier de Mansour, laissant un cratère d'une dizaine de mètres de profondeur. Plus de vingt personnes, probablement des membres des familles qui vivaient là, gisent peut-être sous les décombres.*

**4/12/2003 BAGHDAD, IRAQ HEAVY LOOTING CONTINUES IN BAGHDAD** PHOTO: BENJAMIN LOWY
Iraqi civilians loot an upper-class Baghdad suburb outside Saddam International Airport a day after the apparent collapse of Saddam Hussein's regime.

**12/04/2003 BAGDAD, IRAK LES PILLAGES INTENSIFS SE POURSUIVENT DANS BAGDAD**
*Des civils irakiens pillent une banlieue chic de Bagdad, à proximité de l'aéroport international Saddam, le lendemain de la chute apparente du régime irakien.*

**4/12/2003   BAGHDAD, IRAQ   HEAVY LOOTING CONTINUES IN BAGHDAD**                    **PHOTO: BENJAMIN LOWY**
An Iraqi looter smiles as he carries home a luxurious couch plundered from an upper-class neighborhood of Baghdad.

**12/04/2003   BAGDAD, IRAK   LES PILLAGES INTENSIFS SE POURSUIVENT DANS BAGDAD**
*Un pilleur irakien jubile en emportant chez lui un luxueux canapé dérobé dans un quartier huppé de Bagdad.*

**5/3/2003   BAGHDAD, IRAQ   U.S. MILITARY MAKES SURPRISE ARRESTS OF LOOTERS IN BAGHDAD**                                                     **PHOTO: BENJAMIN LOWY**
Members of the scout team attached to the 2nd Battalion of the 1st Brigade of the 3rd Infantry Division detain and arrest Iraqi looters during an anti-looting operation in downtown Baghdad.

**03/05/2003   BAGDAD, IRAK   LES SOLDATS AMÉRICAINS PROCÈDENT À DES ARRESTATIONS SURPRISES DE PILLEURS À BAGDAD**
*Des membres de l'équipe d'éclaireurs rattachée au 2ème bataillon de la 1ère brigade de la 3ème division d'infanterie arrêtent des pilleurs irakiens au cours d'une opération de lutte contre le pillage dans le centre-ville de Bagdad.*

**4/18/2003   BAGHDAD, IRAQ   LARGEST STATUE OF SADDAM HUSSEIN DECAPITATED**                                             **PHOTO: PATRICK ROBERT**
After decapitating the largest statue of Saddam Hussein, Iraqis chant and dance as they drag the head through the city. They hit the head with their shoes, a symbol of contempt and humiliation.

**18/04/2003   BAGDAD, IRAK   LA PLUS GRANDE STATUE DE SADDAM HUSSEIN DÉCAPITÉE**
*Après avoir décapité la plus grande statue de Saddam Hussein, les irakiens chantent et dansent en traînant la tête de la statue à travers la ville. En signe de mépris et d'humiliation, ils frappent la tête avec leurs chaussures.*

La guerre n'en finit pas de commencer. Et il aurait fallu que la guerre nous protège d'une police qui accroît la pression, insoutenable. J'attends la nuit noire pour installer mon antenne. J'ai désespérément besoin d'obtenir un visa de presse pour recouvrer mon statut de journaliste.

Un matin comme les autres — l'attente est horripilante - je me fais serrer dans la rue par quatre moustachus qui m'enferment dans un local près du ministère. Ils fouillent mes affaires sans découvrir mon Turaya (téléphone satellite), examinent sur écran mes photos numériques : rien que des manifestations « pacifistes ». Après une longue discussion, je comprends qu'ils ne cherchent que des espions et se fichent d'un journaliste déguisé en humanitaire . Bien sûr, ils voulaient éjecter beaucoup de journalistes en fin de visa mais sans donner l'image déplorable de gens qui virent la presse.

Quand je discute avec les flics je ne fais jamais de démagogie pour tenter de les amadouer. Jamais je ne dis « ces salauds d'américains impérialistes », ce serait lâche. Je n'ai pas à prendre position, ce n'est pas mon rôle. Refuser cette démagogie c'est aussi m'obliger à trouver d'autres ressources, d'autres arguments. Je leur dis que j'observe, que l'Histoire jugera, que tout est possible. Que cela finisse bien ou mal, je suis venu pour observer puisque je suis de l'Observatoire de la coopération : je ne suis pas manichéen. Ils n'ont pas l'habitude de ces arguments et cela me permet de comprendre ce qu'ils cherchent vraiment. D'ailleurs un journaliste fait un piètre espion, ce qu'il voit, il va le publier, ce n'est donc pas la peine de lui acheter ses informations. L'espion est une taupe, pas un type qui se balade une Betacam ou deux appareils numériques.

La chance me sourit soudain. Un groupe de huit confrères, venus avec un lobbyiste connu, pour convertir leur visa humanitaire en visa presse, me passe sous le nez. Je me faufile dans le. groupe. Négligemment, je pose mon passeport sur la pile. En deux secondes, par la magie d'un coup de tampon, je suis redevenu journaliste.

—Patrick Robert
20 mars 2003
Hotel Al Fanar, Bagdad

The war never stops starting. And we need the war to protect us from the police, who constantly increase their pressure until it becomes unbearable. I have to wait until nighttime to set up my antenna. The cops are everywhere. I desperately need a press visa to be able to work without hiding.

One morning like any other—the wait is exasperating—I get caught in the street by four "mustaches," who lock me up in a room near the ministry. They go through my stuff without finding my Turaya (satellite phone), check out my digital pictures on my screen—nothing but "pacifist" demonstrations. After much discussion, I understand they're looking for spies and couldn't care less about a journalist posing as a humanitarian worker. Of course, they'd love to kick out the journalists whose visas have expired, but they don't want to look like the kind of people who kick out the press.

When I talk with the cops, I never try to soften them up by demagogic talk. I never say "these bastard American imperialists"—that would be cowardly. And it's not my place to take sides. Because I refuse demagoguery, I have to find other resources, other arguments. I tell them that I'm an observer, that history will be the judge, that anything is possible. They're not used to these arguments, and this allows me to understand what they're really looking for. Anyway, a journalist is a bad spy—he wants to publish what he sees. A spy goes undercover. He doesn't walk around with a Betacam and a couple of digital cameras.

Then I get lucky. A group of eight colleagues who've come with a well-known lobbyist walk by. I sneak in with them, casually dropping my passport into the pile. In the two seconds it takes to stamp it, I become a journalist once more.

—Patrick Robert
March 20, 2003
Hotel al-Fanar, Baghdad

**4/16/2003   BAGHDAD, IRAQ   U.S. MARINES IN OLD BAGHDAD TO MAINTAIN SECURITY**                                      **PHOTO: PATRICK ROBERT**
An Iraqi interpreter, working with U.S. Marines patrolling the center of Baghdad, kicks a looter until he is stopped by the order: "You're a fucking marine. Don't kick them in the head. Let them go!"

**16/04/2003   BAGDAD, IRAK   L'ARMÉE AMÉRICAINE S'EFFORCE D'ASSURER LA SÉCURITÉ DANS BAGDAD**
*Un interprète irakien travaillant avec des marines américains en patrouille au centre de Bagdad, frappe un pilleur à coups de pied jusqu'à ce qu'il soit brutalement arrêté par l'ordre suivant : « t'es un foutu Marine maintenant. Arrête de lui filer des coups de pieds dans la tête. Laisse le partir! »*

**4/29/2003   NAJAF, IRAQ   NAJAF, SITE OF THE WORLD'S LARGEST
CEMETERY                            PHOTO: BENJAMIN LOWY**
The body of a young Iraqi man, killed while allegedly looting in
postwar Najaf, is prepared for burial at a morgue in Najaf.

**29/04/2003   NAJAF, IRAK   NAJAF, SITE DU PLUS GRAND CIMETIÈRE
DU MONDE                          PHOTO: BENJAMIN LOWY**
*Le corps d'un jeune irakien, tué à Najaf après la guerre lors d'un
supposé pillage, est préparé pour son enterrement à la morgue
de Najaf.*

**4/12/2003   BAGHDAD, IRAQ   AN IRAQI FAMILY DURING WAR**     **PHOTO: OLIVIER CORET**
Three days after the fall of Baghdad, a young Iraqi named Diana visits the family of Mohammed, who had hunkered down in their living room, shades drawn, during all the nights of bombing.

**12/04/2003   BAGDAD, IRAK   FAMILLE IRAKIENNE DURANT LA GUERRE**
*Trois jours après la chute de Bagdad, Diana, une jeune irakienne, rend visite à la famille de Mohammed, qui a passé toutes les nuits de bombardement accroupie, rideaux tirés, dans le salon.*

**4/16/2003  BAGHDAD, IRAQ  POSTWAR BAGHDAD: MOURNING THE DEAD**                                    **PHOTO: DAVID LEESON**
Aii Hamid Sharif, 6, is held by her mother as she screams in pain from burns she received more than 10 days before, reportedly from an aerial attack. Forced out of the hospital by Iraqi soldiers, army medics found her in her village, treated her, and transported her to a burn unit.

**16/04/2003  BAGDAD, IRAK  APRÈS-GUERRE À BAGDAD : PLEURER LES MORTS**
*Aii Hamid Sharif, 6 ans, serrée dans les bras de sa mère verse des larmes de douleur causées par les brûlures reçues plus de 10 jours aupara-vant, vraisemblablement suite à une attaque aérienne. Chassée de l'hôpital par des soldats irakiens, des médecins militaires l'ont trouvée dans son village, l'ont soignée et transportée dans une unité de traitement des grands brûlés.*

Alors que j'avais échafaudé mille plans pour trouver et persuader une famille de se laisser photographier dans son intimité, la solution est beaucoup plus proche que je pensais.Ce sera la famille de Mohammed, un de nos chauffeurs réguliers. Marié, sa femme Leila attend un bébé et ils ont adopté une petite fille, Chems (Soleil) La mère de Mohammed vit avec eux.

Je les suis dans toutes leurs activités, la confiance s'installe. Mais à la fin de la première semaine de bombardements on nous impose d'avoir un « guide », autrement dit l'œil et l'oreille du ministère de l'Intérieur. Donc je ne peux plus aller chez Mohammed pour ne pas compromettre « ma famille », ils ont déjà assez souffert du régime. Six mois avant le début de la guerre, Mohammed qui est chiite a refusé de faire son service militaire et toute la famille a été jetée en prison , y compris les grands parents. Quand ils ont retrouvé leur maison au bout de trois mois, elle avait été entièrement pillée et la vieille *Oldsmobile* avait disparu. Mohammed qui était prof de gym est devenu taxi.

J'ai fait , nous avons fait une erreur : ils m'ont tout donné dès début. Mais je ne pouvais rien leur rendre en donnant leurs images aux médias occidentaux puisque Saddam régnait encore : ils étaient en danger de mort tant que les américains ne prenaient pas Bagdad. La guerre s'éternisant, ils ont paniqué: et si Saddam gagnait ? Ils m'avaient déjà trop parlé. Alors que je voyais les blindés américains au téléobjectif, de l'autre côté du Tigre, la propagande sévissait toujours et quand un avion passait dans le ciel, le regard des enfants terrifiés s'éteignait.

J'ai rencontré un peuple éduqué, très fin, de bonne compagnie. Des Babyloniens, pas des barbares comme leur dictateur et ses séides. Affichant une fierté irakienne avec les bons et les mauvais côtés de la « fierté ».Pour leur sécurité, j'ai du cesser de les voir.

C'est Arthur qui m'a fait rentrer. Sur mon écran d'ordinateur, j'ai vu briller ses premières quenottes. Et puis un jour, il y a eu un message « papa papa revient ». L'histoire allait continuer sans moi. Moi aussi j'avais un fils à aimer.

Heureusement, j'ai rencontré des gens comme Mohammed et Leila. Je ferai les photos du bébé dès qu'il sera là en septembre. Quand la petite Chems aura réappris à sourire.

—Olivier Coret
avril 2003

I'd conceived a thousand plans to find and convince a family to let me photograph them at home, but the answer was much nearer to me than I thought. The family is Mohammed's, one of our regular drivers. His wife, Leila, is expecting a baby, and they have adopted a little girl, Chems ("sun"). Mohammed's mother lives with them.

I follow them in all their activities, and we come to trust each other. But at the end of the first week of bombardments, a "guide" is imposed on us, which is to say a snitch for the Ministry of the Interior. I can't go to Mohammed's house anymore so as not to compromise "my" family. They've suffered enough under the regime as it is.

Six months before the war began, Mohammed, who is a Shi'ite, refused to do his military service, and the whole family was thrown into jail, including the grandparents. When they got back to their house three months later, it had been completely looted, and the old Oldsmobile had disappeared. Mohammed, who had been a gym teacher, became a taxi driver.

I made—we made—a mistake; they gave me everything right away. But I can't give anything back to them by passing the pictures on to the Western media as long as Saddam is still in place. They risk death as long as the Americans don't take Baghdad. They aren't interested in the future. All they want is for Saddam to fall, right away. As the war drags on they start to panic—what if Saddam wins? They've already told me too much. While I see the American tanks with my telephoto lens on the opposite bank of the Tigris River, Baathist propaganda is still raging on, and when a plane crosses the sky, the terrified children's eyes go dead.

I have come to know an educated, refined, congenial people. Babylonians, not barbarians like their dictator and his henchmen. They are proud to be Iraqis—with the good and bad sides of pride. For their security, I stop seeing them.

On my computer screen, I see Arthur's first teeth shine. Then one day, there's a message: "Daddy, come back." History will have to go on without me. I, too, have a child to love.

Fortunately for me, I met people like Mohammed and Leila. I'll take pictures of their baby when he is born in September. By then, little Chems will have learned to smile again.

—Olivier Coret
April 2003

**4/16/2003   BAGHDAD, IRAQ   POSTWAR BAGHDAD: MOURNING THE DEAD**                                                                          **PHOTO: DAVID LEESON**
Soldiers from Task Force 2-69 Armor, 3rd Infantry Division mourn in Baghdad for Private Gregory Huxley Jr., 19, of Forest Port, New York, who was killed when the armored personnel carrier in which he was riding was hit by a rocket-propelled grenade. Huxley had just finished basic training five months earlier.

**16/04/2003   BAGDAD, IRAK   APRÈS-GUERRE À BAGDAD : PLEURER LES MORTS**
*À Bagdad, des soldats de la force opérationnelle blindée 2-69 de la 3ème division d'infanterie rendent hommage à Gregory Huxley Jr, 19 ans, un soldat de Forest Port, New York, tué au combat le 6 avril 2003 lorsque le transport de troupes blindé dans lequel il se trouvait, a été frappé par un projectile de RPG. Huxley avait achevé son entraînement de base seulement cinq mois plus tôt.*

PHOTO: ROSS WILLIAM HAMILTON

**4/3/2003   PORTLAND, OREGON   FAMILY AND FRIENDS GATHER FOR THE FUNERAL OF SERVICEMAN BRANDON TOBLER**

Gail Tobler accepts the American flag that draped her son's casket at his funeral. Army Specialist Brandon Tobler, 22, died in a vehicle accident during a sandstorm in southern Iraq on March 22, 2003.

**03/04/03   PORTLAND, OREGON   LA FAMILLE ET LES PROCHES DU SOLDAT BRANDON TOBLER RÉUNIS POUR LES FUNÉRAILLES DE CELUI-CI**

*Gail Tobler reçoit le drapeau américain qui enveloppait le cercueil de son fils lors de ses funérailles. Brandon Tobler, âgé de 22 ans, spécialiste dans l'armée américaine, est décédé dans un accident de la circulation, lors d'une tempête de sable, dans le sud de l'Irak, le 22 mars 2003.*

**4/16/2003  BAGHDAD, IRAQ   POSTWAR BAGHDAD: MOURNING THE DEAD**                                                    PHOTO: DAVID LEESON

SSG Lonnie Roberts cries at a memorial service for PV2 Gregory R. Huxley Jr., 19, of Forest Port, New York. Huxley, who had just finished basic training five months earlier, was killed in action on April 6, 2003, when the armored personnel carrier he was riding in was hit by a rocket-propelled grenade.

**16/04/2003   BAGDAD, IRAK   IRAK L'APRES-GUERRE A BAGDAD : PLEURER LES MORTS**

*Le sergent d'état-major Lonnie Roberts en pleurs lors du service à la mémoire du soldat de 2ème classe Gregory R. Huxley Jr., 19 ans, de Forest Port, New York. Huxley, qui avait achevé son entraînement de base seulement cinq mois plus tôt, a été tué au combat le 6 avril 2003 lorsque le transport de troupes blindé dans lequel il se trouvait, a été frappé par un projectile de RPG.*

Dès que nous avons mis les pieds en Irak, nous avons dû affronter les forces armées irakiennes : la force armée 2-69 a enregistré 21 jours d'affilée d'affrontement soutenu avec l'ennemi. On dit que c'est le plus long de l'histoire de l'armée américaine depuis la guerre de Corée. J'ai été très impressionné par le professionnalisme de ce groupe extrêmement discipliné et investi d'une mission, à part des aspects politiques. Un colonel que j'ai rencontré aimait dire : « L'espoir n'est pas une méthode. » Ces types avaient une approche méthodologique.

Ce matin, juste au lever du soleil, nous nous sommes arrêtés pour prendre de l'essence quelque part au milieu du désert. Les corps de soldats irakiens, morts sur le champ de bataille, gisaient çà et là. Certains des jeunes soldats sont sortis pour aller les regarder. Spontanément, j'ai pris mon appareil photo et ma caméra et je suis allé avec eux. J'ai observé un soldat en train de regarder le corps d'un soldat irakien totalement défiguré. Il était là, debout, sans bouger, en le regardant fixement. Je suis allé vers lui et je lui ai demandé : « Que pensez-vous ou que ressentez-vous à cet instant précis ? »

Il ne m'a pas répondu tout de suite car il ne parvenait pas à détourner les yeux. Alors, je me suis rendu compte que ces soldats n'étaient finalement que de jeunes gamins qui ne devaient avoir que 20 ans tout au plus. Je lui ai demandé : « Est-ce la première fois que vous voyez un mort ? »

Il a hoché doucement la tête d'un signe affirmatif. « Que pensez-vous de tout ça ? » Il s'est retourné vers moi et a hoché la tête de droite à gauche : « Je ne sais pas pourquoi on se fait ça. » Il a tourné les talons et est parti.

C'est une bonne question : pourquoi est-ce que nous nous nous faisons ça ? Il existe des milliers de façons de tuer quelqu'un. Il existe plus de façons de tuer quelqu'un que de le guérir.

—David Leeson
24 mars 2003

142

From the moment we entered Iraq, we encountered contact from Iraqi forces. In fact, Task Force 2-69 recorded 21 straight days of sustained enemy contact. They claim that is the longest sustained contact for a U.S. military unit since the Korean War. I have been impressed with the professionalism of this group—they are highly disciplined and driven by a sense of mission, all politics aside. A colonel I met is fond of saying, "Hope is not a method." These guys operate based largely upon methodology.

Early this morning, just after sunrise, we stopped briefly for refueling somewhere in the middle of the desert, and there were some Iraqi soldiers dead on the battlefield. Some of the young soldiers went out to see these bodies, so naturally I grabbed my camera and my video camera and went with them. And I watched one soldier as he looked upon the body of a disfigured Iraqi soldier. He was just standing there, staring, and I walked up to him and said, "What are you thinking or feeling right now?"

He didn't answer me at first—he wouldn't stop staring. Finally it dawned on me that these were just young kids, and he must have been about 20, I guess. So I asked him, "Is this the first time you've seen a dead person?"

He shook his head slowly, yes. I said, "So what do you think about that?" And he turned to me and shook his head back and forth and said, "I don't know why we do these things to each other." Then he turned and walked off.

That's a good question—why do we do these things to each other? There are so many ways to kill somebody. There are more ways to kill people than there are ways to heal them.

—David Leeson
March 24, 2003

**4/24/2003　BAGHDAD, IRAQ　DECAPITATED STATUE OF SADDAM HUSSEIN**　　　　　　　　**PHOTO: ANTOINE GYORI**
As if she had done it with her own hatchet, an Iraqi woman stands before a headless statue of Saddam in Baghdad.

**24/04/2003　BAGDAD, IRAK　STATUE DÉCAPITÉE DE SADDAM HUSSEIN**
*Comme si elle l'avait fait elle-même avec sa hachette, une femme irakienne se tient devant la statue décapitée de Saddam, à Bagdad.*

**4/16/2003   IRAQ   SEEING ANOTHER GULF WAR**
A young Iraqi girl, hoping to receive some food or money from the passengers, chases foreigners' cars as they speed toward the border.

**16/04/2003   IRAK   L'AUTRE GUERRE DU GOLFE**
*Une jeune fille mendie auprès des véhicules étrangers qui foncent vers la frontière, espérant recevoir des passagers un peu de nourriture ou d'argent.*

**PHOTO: PETER TURNLEY**

**4/14/2003  BAGHDAD, IRAQ   SEEING ANOTHER GULF WAR**                                     **PHOTO: PETER TURNLEY**
On the western outskirts of Baghdad, a mass exodus of Iraqis on foot heads in two directions—some returning to Baghdad at the end of fighting, and others heading toward towns in southern Iraq.

**14/04/2003   BAGDAD, IRAK   L'AUTRE GUERRE DU GOLFE**
*Dans les faubourgs à l'ouest de Bagdad, un exode de masse de civils Irakiens qui se rendent à pied dans deux directions: certains rentrent à Bagdad après la fin des combats, tandis que d'autres regagnent les villes du sud.*

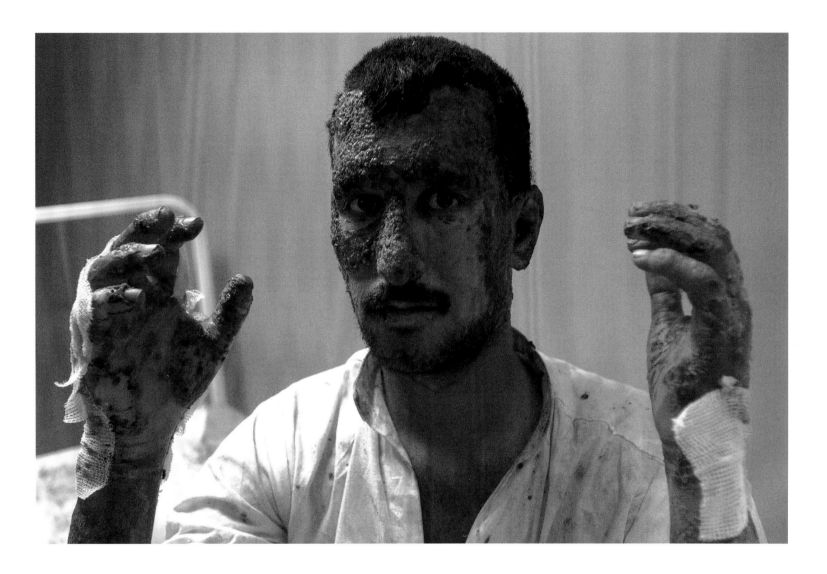

**4/11/2003  BAGHDAD, IRAQ   SEEING ANOTHER GULF WAR**                                                   **PHOTO: PETER TURNLEY**
Ahmed Kadim, 23, a regular soldier of the Iraqi Army, sits on a stretcher at the Saddam Medical Center, badly burned on the face and hands. His military vehicle exploded after being hit by a coalition-forces weapon near Tikrit. In the emergency room, doctors and nurses complained of having no anesthetics, sterile instruments, or adequate supplies of medicine.

**11/04/2003  BAGDAD, IRAK   L'AUTRE GUERRE DU GOLFE**

*Ahmed Kadim, 23 ans, soldat régulier de l'armée irakienne, assis sur un brancard, au Centre médical Saddam, après avoir été grièvement brûlé au visage et aux mains. Son véhicule militaire a explosé après avoir été touché par un projectile des forces de la coalition, à proximité de Tikrit. Aux urgences, les médecins et infirmières se plaignent du manque d'anesthésie, d'instruments stériles et de médicaments.*

Je serai à jamais hanté par ce souvenir... une chambre de l'hôpital Al Asskan de Bagdad. Deux lits, dont l'un est occupé par une fillette de 10 ans. Elle s'appelle Worood Nasiaf, et a les cheveux bruns tout bouclés. Elle porte un petit chemisier et des pantalons, et n'a aux pieds que des chaussettes blanches. Sa tête est bloquée en arrière contre le bord du lit. Un docteur la tient dans ses mains tandis qu'un autre, de l'autre côté du lit, compresse violemment la poitrine de la petite fille en exerçant des pressions répétitives. L'expression qui se dessine sur leur visage est marquée par une intense détermination et l'énergie qu'ils déploient manifeste leur immense espoir. Au bout de quelques minutes de massage cardiaque, l'un des docteurs s'arrête net, patiente un instant et pose son stéthoscope sur la poitrine de la fillette pour écouter.

Je crois alors apercevoir un souffle de vie et un frisson de joie m'anime. Quelques secondes plus tard, le docteur recommence à appuyer sur sa poitrine. Soudain, après un moment qui m'a semblé éternel, d'un geste presque violent, l'un des docteurs s'arrête brutalement, met la main sur le visage de la fillette, tandis que l'autre se redresse en regroupant ses petites menottes sur sa poitrine. En quelques secondes, il recouvre son visage avec une serviette. Les docteurs tournent le pas et quittent la chambre en hochant la tête et je réalise, à ce moment là, que je venais de voir s'évaporer devant moi la vie de cette fillette. J'interpelle l'un des docteurs pour lui demander la raison du décès. Dans un anglais parfait, le docteur irakien m'explique qu'elle vient de mourir d'une pneumonie pulmonaire, une maladie qui se soigne facilement. Mais, son père n'a pas pu l'emmener à l'hôpital à cause de la guerre et des conditions précaires de transports. Quelques minutes plus tard, un homme entre dans la chambre et ôte la serviette qui recouvre le visage de la fillette. C'est son père. Il prend la main de sa fille, et se met à sangloter.

À Bagdad et à Bassora, les hôpitaux que j'ai visités manquaient de médicaments, d'anesthésie ou d'instruments stériles. Les urgences ressemblaient à l'enfer. Subitement, les conséquences de la guerre n'avaient plus rien d'impersonnel. Hanan Muaed, une jeune fille de 16 ans enveloppée de bandelettes, a été brûlée lors d'une explosion provoquée par une bombe qui s'est écrasée sur sa maison, à Bagdad. Mahmoud Mohammed, 17 ans, n'a plus qu'une jambe, l'autre a été déchiquetée par des éclats d'obus. Zeinan Haneed, 9 ans, a perdu une jambe et toute sa famille lors du bombardement de sa maison à Bassora le 23 mars.

Une petite fille est allongée sur un lit de l'hôpital Al Karch à Bagdad. Elle s'appelle Safah Ahmed. Elle jouait devant chez elle lorsqu'une bombe a éventré le jardin de ses voisins. Tout ce dont elle se rappelle, c'est que c'était son anniversaire. Et qu'à son réveil, elle n'avait plus qu'une jambe.

—Peter Turnley
14 avril 2003

One memory will always haunt me ... a hospital room of the al-Asskan Hospital in Baghdad. There were two beds in the room, and on one of them lay a 10-year-old girl, Worood Nasiaf, with curly brown hair. She was dressed in a small shirt and pants, and her feet wore only little white socks. Her head was pulled back on the side of the bed. One doctor held it in his hands, and another doctor, from the other side of the bed, pushed violently on her chest with repetitive strokes. Both doctors had looks of determined intensity in their faces, and their energy offered a great sense of hope. After many minutes of cardiac massage, one of the doctors stopped and waited a few seconds and put his stethoscope to her chest and listened.

I thought I saw breathing, and a leap of joy lifted me. Several seconds later, the doctor continued to push on her chest. Suddenly, after what seemed to be at least 10 minutes, in one almost violent gesture, one of the doctors stopped and put his hand over her face, and the other stood up and put her tiny hands together over her chest. In the next instant, he pulled a towel over her face. Both doctors turned to walk out of the room, shaking their heads, and I realized I had just seen this beautiful little girl's life evaporate. I stopped one of the doctors and asked him what she had died from. With perfect English, the Iraqi doctor explained that she had died from pulmonary pneumonia, and that it could have been easily treated. Her father could not bring her to the hospital because of the impossibly dangerous traveling conditions caused by the war. A few minutes later a man walked into the room and removed the towel from her face. It was her father. Holding her hands, he stood and sobbed.

I have visited several hospitals in Baghdad and Basra, and there is almost no medicine, anesthetics, or sterile instruments. In emergency rooms there are scenes from hell. The results of war take on names and faces. A young woman, Hanan Muaed, 16, was wrapped in a body bandage, burned from an explosion when her home in Baghdad was hit by a bomb. Mahmoud Mohammed, 17, lost his leg from shrapnel from a shell. Zeinan Haneed, 9, lost her leg and all of her family when her home was shelled in Basra on March 23.

A small girl, Safah Ahmed, lay on a bed in the al-Karch Hospital in Baghdad. She had been playing in front of her home when a bomb landed in her neighbors' front yard. All she could remember was that it had been her birthday, and when she woke up, she had only one leg.

—Peter Turnley
April 14, 2003

**4/2/2003   KIFRI, IRAQ   CIVILIANS CAUGHT IN WAR'S TURMOIL–KIFRI'S KURDS**                                      **PHOTO: DAVID TURNLEY**

The Iraqi front line launched a series of mortar attacks against the Kurdish townspeople in Kifri in retaliation for a "coalition" bombing. After preparing the body for burial, men carry the coffin of a young man killed in the attack. At the funeral, women wail and pound themselves on the chest and in the face. They look to the sky, appealing to a greater power and screaming the name of Saddam Hussein in rage.

**02/04/2003   KIFRI, IRAK   DES CIVILS PLONGÉS DANS LES AFFRES DE LA GUERRE : LES KURDES DE KIFRI**

*Une série d'attaques au mortier a été lancée depuis la ligne de front irakienne contre la population de la ville de Kifri, en représailles contre un bombardement de la « coalition ». Après que le corps ait été préparé pour l'enterrement, lors des funérailles, les hommes portent le cercueil d'un jeune homme tué durant l'attaque, tandis que les femmes gémissent et se frappent la poitrine et le visage. Elles regardent vers le ciel, en appellent aux puissances supérieures et, dans leur rage, hurlent le nom de Saddam Hussein.*

**4/2003  KIFRI, NORTHERN IRAQ  REMNANTS OF SADDAM'S REGIME**
**PHOTO: DAVID TURNLEY**
Just after the Iraqi Army retreated from its front line positions
south of the Kurdish town of Kifri, townspeople arrived to sort
through the spoils of war left behind, including this torn poster
of Saddam Hussein.

**04/2003  KIFRI NORD DE L'IRAK  LES VESTIGES DU RÉGIME DE SADDAM**
**PHOTO: DAVID TURNLEY**
*Juste après le retrait de l'armée irakienne de ses positions de
la ligne de front, au sud de la ville kurde de Kifri, les citadins se
sont partagés les vestiges de guerre abandonnées par les soldats,
y compris ce portrait déchiré de Saddam Hussein.*

**5/12/2003   BAGHDAD, IRAQ   A CLOSER LOOK AT THE MUJAHIDEEN**  PHOTO: LYNSEY ADDARIO

Continuing her preparations for terror in the aftermath of the war, a Mujahideen Khalq soldier stands at attention during elite training at the Ashraf Camp outside Baghdad. The group is dedicated to the overthrow of the Iranian government and is on the U.S. list of known terror organizations.

**12/05/2003   BAGDAD, IRAK   L'ORGANISATION DES MOUDJAHIDIN DU PEUPLE (L'ORGANISATION MOUDJAHIDIN-E KHALQ) VUE DE PLUS PRES**

*Alors qu'elle poursuit ses préparatifs en vue d'une campagne terroriste d'après guerre, une combattante appartenant à l'Organisation des moudjahidin du peuple se tient au garde-à-vous lors d'un entraînement destiné aux troupes d'élite, dans le camp d'Ashraf, à proximité de Bagdad. Le groupe s'est donné pour mission de renverser le régime iranien, et de ce fait, figure sur la liste des organisations terroristes établie par les Etats-Unis.*

**5/12/2003  BAGHDAD, IRAQ  A CLOSER LOOK AT THE MUJAHIDEEN**                                    **PHOTO: LYNSEY ADDARIO**
Well-equipped for their campaign against the Iranian regime, female soldiers with the Mujahideen Khalq Organization work on their armored vehicles at the MKO main base outside Baghdad shortly after the end of the war.

**12/05/2003  BAGDAD, IRAK  L'ORGANISATION DES MOUDJAHIDIN DU PEUPLE (L'ORGANISATION MOUDJAHIDIN-E KHALQ) VUE DE PLUS PRES**
*Bien équipées pour leur campagne contre le régime iranien, des combattantes féminines de l'Organisation des moudjahidin du peuple travaillent sur leurs véhicules blindés dans la principale base du groupe, au camp d'Ashraf, à proximité de Bagdad. Ce cliché a été pris peu après la fin de la guerre.*

**5/12/2003   BAGHDAD, IRAQ   A CLOSER LOOK AT THE MUJAHIDEEN**                                                                                      **PHOTO: LYNSEY ADDARIO**

The Mujahideen Khalq Organization includes many women soldiers, who participate in elite training. Female MKO soldiers run through fully armed training exercises at the Ashraf Camp outside Baghdad. A subsequent agreement with the U.S. government disarmed the terrorist group.

**12/05/2003   BAGDAD, IRAK   L'ORGANISATION DES MOUDJAHIDIN DU PEUPLE (L'ORGANISATION MOUDJAHIDIN-E KHALQ) VUE DE PLUS PRES**

*Les rangs des moudjahidin du peuple comptent un grand nombre de femmes qui participent aux formations destinées aux troupes d'élite. Des femmes soldats de l'Organisation des moudjahidin du peuple portant leur armement complet à l'exercice dans le camp d'Ashraf, à proximité de Bagdad. Par accord ultérieur conclu avec les autorités américaines, le groupe terroriste a accepté son désarmement.*

**5/12/2003   BAGHDAD, IRAQ   A CLOSER LOOK AT THE MUJAHIDEEN**                                                      **PHOTO: LYNSEY ADDARIO**
Preparing for a war perhaps still to come, Kalashnikov-wielding MKO soldiers crawl under barbed wire and jump flaming pits at their terror training camp outside Baghdad.

**12/05/2003   BAGDAD, IRAK   L'ORGANISATION DES MOUDJAHIDIN DU PEUPLE (L'ORGANISATION MOUDJAHIDIN-E KHALQ) VUE DE PLUS PRES**
*Des soldats de l'Organisation des moudjahidin du peuple sur la principale base du groupe, le camp d'Ashraf, à proximité de Bagdad.*

**5/12/2003  BAGHDAD, IRAQ   A CLOSER LOOK AT THE MUJAHIDEEN**                                    PHOTO: LYNSEY ADDARIO

Soldiers with the Mujahideen Khalq Organization run through Special Forces training on their main base at the Ashraf Camp outside Baghdad. The MKO, an Iranian dissident organization whose aim is to overthrow the Iranian regime, is currently on the U.S. State Department's list of foreign terrorist groups. It has recently made a deal with the Americans to disarm and to consolidate its 16 camps throughout Iraq into this one in Ashraf.

**12/05/2003  BAGDAD, IRAK   L'ORGANISATION DES MOUDJAHIDIN DU PEUPLE (L'ORGANISATION MOUDJAHIDIN-E KHALQ) VUE DE PLUS PRES**

*DDes soldats de l'Organisation Moudjahidin e-Khalq, suivent l'entraînement des forces spéciales sur leur base principale du camp d'Ashraf, à proximité de Bagdad. Les Moudjahidin du peuple, organisation d'opposition iranienne dont l'objectif est de renverser le régime iranien, et qui figure actuellement sur la liste des organisations terroristes étrangères établie par le Département d'État des États-Unis, a récemment conclu un accord avec les Américains en vue de son désarmement et du regroupement de ses 16 camps dans tout l'Irak en un seul, à Ashraf.*

**5/12/2003   BAGHDAD, IRAQ   A CLOSER LOOK AT THE MUJAHIDEEN**
**PHOTO: LYNSEY ADDARIO**
Nasreen Rostani, Faezeh Saadat, and Nosrat Nazari, all soldiers
with the Mujahideen Khalq Organization, perform songs during
a lunch break. Posters of MKO founders and leaders Maryam
and Massoud Rajavi hang overhead at their main base at the
Ashraf Camp outside Bagdad.

**12/05/2003   BAGDAD, IRAK   L'ORGANISATION DES MOUDJAHIDIN**
**DU PEUPLE (L'ORGANISATION MOUDJAHIDIN-E KHALQ) VUE DE PLUS**
**PRES PRÈS                                    PHOTO: LYNSEY ADDARIO**
*Nasreen Rostani, Faezeh Saadat et Nosrat Nazari, toutes com-*
*battantes de l'Organisation des moudjahidin du peuple, interprè-*
*tent des chants lors de la pause déjeuner, sous les portraits des*
*fondateurs et dirigeants de l'organisation, Maryam et Massoud*
*Rajavi, sur la principale base de l'organisation, le camp d'Ashraf,*
*à proximité de Bagdad.*

**4/12/2003   KIRKUK, IRAQ   U.S. TROOPS CALLED INTO KIRKUK TO MAINTAIN ORDER**                                         **PHOTO: LYNSEY ADDARIO**
Two days after the liberation of Kirkuk, soldiers of the 173rd Airborne Division walk past a defaced poster of former Iraqi leader Saddam Hussein
in the Kirkuk government building.

**12/04/2003   KIRKOUK, IRAK   LES TROUPES AMÉRICAINES SONT APPELÉES DANS KIRKOUK POUR ASSURER LE MAINTIEN DE L'ORDRE.**
*Deux jours après la libération de Kirkouk, des soldats de la 173ème division aéroportée passent devant un poster déchiré de l'ancien leader irakien*
*Saddam Hussein dans le bâtiment administratif de la ville.*

**4/10/2003   KIRKUK, IRAQ   ABANDONED SEATS OF POWER**                                                              **PHOTO: LYNSEY ADDARIO**
Leaving a broken poster of Saddam Hussein on the ground, an Iraqi Kurd runs through an abandoned office in the Kirkuk government building, hours after the city surrendered to U.S. forces on April 10, 2003.

**10/04/2003   KIRKOUK, IRAK   LES FAUTEUILS DU POUVOIR LAISSÉS À L'ABANDON**
*Abandonnant un portrait brisé de Saddam Hussein sur le sol, un kurde irakien court dans un bureau désert du bâtiment administratif de la région de Kirkouk, quelques heures seulement après la reddition de la ville aux forces américaines, le 10 avril 2003.*

**4/15/2003   CENTRAL IRAQ   FREE IRAQ FORCES RETURN TO BAGHDAD**                                                    **PHOTO: BENJAMIN LOWY**
Soldiers with the FIF, or Free Iraq Forces, and the U.S. Special Forces guard a convoy of FIF headed for deployment into Baghdad.

**15/04/2003   CENTRE DE L'IRAK   LES FORCES IRAKIENNES LIBRES DE RETOUR À BAGDAD**
*Des soldats des FIL, ou Forces irakiennes libres, et des membres des forces spéciales américaines gardent un convoi des FIL prêtes à se déployer dans Bagdad.*

**5/9/2003   WASHINGTON, D.C.   GENERAL TOMMY FRANKS, U.S. COMMANDER OF THE U.S.-IRAQ WAR**                    **PHOTO: KAREN BALLARD**
U.S. Commander General Tommy Franks (L) and Defense Secretary Donald Rumsfeld have a laugh after a press briefing, one month after the fall of Baghdad.

**09/05/2003   WASHINGTON DC   LE GENERAL TOMMY FRANKS, COMMANDANT EN CHEF AMERICAIN DU CONFLIT ENTRE LES ETATS-UNIS ET L'IRAK**
*Le général Tommy Franks( à gauche), et le secrétaire à la défense, Donald Rumsfeld, éclatent de rire après un point de presse, un mois après la chute de Bagdad.*

**4/16/2003  BAGHDAD, IRAQ  POSTWAR BAGHDAD: MOURNING THE DEAD**                                                    **PHOTO: DAVID LEESON**

Specialist Jesse Blancarte of Frostproof, Florida, fights back tears at a memorial service for Private Gregory Huxley Jr., 19, of Forest Port, New York. Huxley, who had just finished basic training five months earlier, was killed in action on April 6, 2003, when the armored personnel carrier he was riding in was hit by a rocket-propelled grenade.

**16/04/2003  BADGAD, IRAK  L'APRÈS-GUERRE À BAGDAD: PLEURER LES MORTS**

*Le soldat spécialiste Jesse Blancarte, de Frostproof, Floride, retient ses larmes lors du service à la mémoire de Gregory Huxley Jr., 19 ans, un soldat de Forest Port, New York. Huxley, qui avait achevé son entraînement de base cinq mois plus tôt, a été tué au combat le 6 avril 2003 lorsque le transport de troupes blindé dans lequel il se trouvait, a été frappé par un projectile de RPG.*

**LEFT: 3/30/2003, OUTSIDE NAJAF, IRAQ**                                                                    **PHOTOS: BENJAMIN LOWY**
Spent cartridges of exhausted rounds litter the dusty highway near Najaf in the wake of an advancing American tank.

**À GAUCHE: 30/03/2003, ENVIRONS DE NAJAF, IRAK**
*Les cartouches vides de munitions, jonchent l'autoroute recouverte de poussière à proximité de Najaf, dans le sillage d'un char américain.*

**5/16/2003   ABU HAJIL, IRAQ   MASS GRAVE AT ABU HAJIL**
Iraqis uncover a vast mass grave for Iraqi Shi'ites executed after the 1991 uprising against Saddam Hussein. Thousands of decomposed bodies, many of them soldiers, were exhumed to be claimed by despondent family members.

**16/05/2003   ABU HAJIL, IRAK   CHARNIER À ABU HAJIL**
*Des irakiens découvrent un immense charnier de chiites irakiens exécutés après la tentative de soulèvement de 1991 contre Saddam Hussein. Des milliers de corps décomposés, dont nombre de soldats, ont été exhumés et réclamés par les membres de leurs familles désespérés*

**5/18/2003   BAGHDAD, IRAQ   WAR GAMES IN A BAGHDAD NEIGHBORHOOD**
After the war, more than 50 functional and fully armed Iraqi tanks remained parked in a small patch of land in a lower-class neighborhood of Baghdad. With live ammunition easily available in the abandoned vehicles, playing neighborhood children have detonated a tank, fired live shells, and destroyed a home.

**PHOTO: BENJAMIN LOWY**

**18/05/2003   BAGDAD, IRAK   JEUX DE GUERRE DANS LA BANLIEUE DE BAGDAD**
*Après la guerre, une cinquantaine de chars irakiens en parfait état de fonctionnement sont restés parqués avec toutes leurs munitions, sur un petit terrain vague d'une banlieue pauvre de Bagdad. Des enfants du voisinage ont réussi à mettre un de ces chars en route, ont tiré cinq obus et détruit une maison.*

**5/21/2003   BAGHDAD, IRAQ   REMNANTS OF SADDAM'S REGIME**                                                          **PHOTO: BENJAMIN LOWY**
Iraqi pensioners are pushed back as they wait in a line—controlled by U.S. military police—to pick up their monthly stipends of 40 U.S. dollars.

**21/05/2003   BAGDAD, IRAK   LES VESTIGES DU RÉGIME DE SADDAM**
*Des prisonniers irakiens sont repoussés alors qu'ils attendent en file, sous le contrôle de la police militaire des États-Unis, pour percevoir leur traitement mensuel de quarante dollars américains.*

**5/14/2003  HILLA, IRAQ  FAMILIES SEARCH THE HILLA MASS GRAVE SITE FOR MISSING RELATIVES**  PHOTO: JEHAD NGA
A vast mass grave, containing 3,000 corpses, was discovered on the outskirts of Hilla. Families traveled there in hopes of locating the remains of relatives who had disappeared during the Shi'ite uprising in 1991. The relatives scour through thousands of plastic bags filled with bones, clothing, and fully intact bodies in various stages of decomposition.

**14/05/2003  HILLA, IRAK  LES FAMILLES FOUILLENT LE SITE DU CHARNIER DE HILLA, À LA RECHERCHE DE LEURS PARENTS ABSENTS**
*Un vaste charnier, contenant environ 3 000 corps, a été découvert dans les faubourgs de Hilla. Les familles se sont rendues sur les lieux dans l'espoir de retrouver des restes de leurs proches disparus au cours du soulèvement chiite de 1991. Les parents erraient parmi des milliers de sacs plastiques remplis d'ossements, de vêtements et de cadavres entiers à divers stades de décomposition.*

**5/16/2003   ABU HAJIL, IRAQ   REMNANTS OF SADDAM HUSSEIN'S REGIME**                                    **PHOTO: LYNSEY ADDARIO**
In a scene repeated across Iraq after the fall of Saddam, Iraqi men and women in the village of Abu Hajil sadly search through hundreds of remains
unearthed from mass graves and gathered in plastic bags on a vast floor.

**16/05/2003   ABU HAJIL, IRAK   LES VESTIGES DU RÉGIME DE SADDAM HUSSEIN**
*Lors d'une scène qui se répète un peu partout en Irak après la chute de Saddam, des civils irakiens du village d'Abu Hagil fouillent des sacs plas-*
*tiques contenant des restes humains exhumés de fosses communes.*

**5/29/2003   MUSAIB, IRAQ   SHIA VICTIMS OF 1991 UPRISING PREPARED FOR BURIAL**                                                   **PHOTO: BENJAMIN LOWY**
In a small gymnasium in al-Musaib, Iraq, family members search for remains of loved ones missing since the defeat of the 1991 Shi'ite uprising against Saddam.

**29/05/2003   MUSAIB, IRAK   LES VICTIMES DU SOULÈVEMENT CHIITE DE 1991 SONT PRÉPARÉES EN VUE DES FUNÉRAILLES**
*Dans une petit gymnase de Musaib, en Irak, les membres d'une famille recherchent les restes des leurs, portés disparus depuis la défaite du soulèvement chiite contre Saddam en 1991.*

**5/26/2003, BASRA, IRAQ    STRUGGLES IN IRAQ**
**PHOTO: LYNSEY ADDARIO**
In the old Baath Party headquarters in Old Basra, an Iraqi police clerk fills out a report. British soldiers are teaching Iraqi policemen to record everything that happens in their jurisdiction. Unlike the Americans in Baghdad, the British often patrol Basra without body armor or helmets, and sometimes without automatic weapons.

**26/05/2003    BASSORA, IRAK    LUTTES EN IRAK**
**PHOTO: LYNSEY ADDARIO**
*Dans les anciens locaux du Parti Baas, dans le vieux Bassora, un fonctionnaire de police irakien remplit un rapport. Des soldats britanniques enseignent aux policiers irakiens à consigner par écrit tout ce qui se passe dans leur secteur. À la différence des américains à Bagdad, les britanniques patrouillent fréquemment dans Bassora sans casque ni véhicule blindé, et parfois même sans armes automatiques.*

# PHOTOGRAPHER'S BIOGRAPHIES

## LYNSEY ADDARIO

By the time she was 30, Lynsey Addario had worked for the Associated Press, the *New York Times*, the *Boston Globe*, the *Houston Chronicle*, *Newsweek*, *National Geographic*, *Time, Fortune, Marie Claire*, and the *New York Times Magazine*, among others. Her photo essays of India, Nepal, Afghanistan, Pakistan, Mexico, and Turkey—where she currently resides—have won her accolades around the globe.

In 1999 Lynsey received the University of Missouri's Pictures of the Year Award of Excellence for her story "Midnight Mass in Cuba." *Photo District News* chose her in 2002 as one of its "30 under 30: Young Photographers to Watch." She was also selected for the 2003 PDN Photo Annual competition.

In January 2000, Lynsey moved to India, where she documented the treatment of women in the developing world, the life of women under the Taliban in Afghanistan, female burn victims in Pakistan, and a two-week boat trip up the Ganges River in India. She has also photographed stories about American women adopting Chinese babies and American women traveling through Afghanistan during Taliban rule. In Mexico, she photographed the story of illegal cosmetic surgery, in which female victims were dramatically scarred for life.

Lynsey graduated from the University of Wisconsin at Madison in 1995 with a B.A. in international relations. In addition to her native English, she is fluent in Spanish and Italian.

## KATE BROOKS

During her work in and around Afghanistan, Kate Brooks has accompanied the U.S. Army's 82nd Airborne on a mission and photographed Muslim fashions for the U.K. edition of *Marie Claire*. Last December she had a photo session with Pakistani President General Pervez Musharraf. Brooks has also covered the parents of American missionaries being held by the Taliban for *People* magazine. Her images have been published in magazines around the world, including *Time, Newsweek*, the *New York Times Magazine*, the *Sunday Times, Stern, Der Spiegel, Glamour*, and *Talk*, as well as several newspapers including the *Toronto Star*, the *Sunday Telegraph*, the *Daily Telegraph*, the *Los Angeles Times*, the *Washington Post*, the *Boston Globe*, and *Liberacion*. Her work has received honors and awards from the *Sunday Times, Communication Arts, American Photo*, and *Interfoto*. This year *Photo District News* named her one of its "30 under 30."

## CHRISTOPHE CALAIS

Christophe Calais's work as an independent photographer has appeared in such publications as *L'Express, National Géographic France,* the *New York Times, Paris Match, ELLE, L'Equipe Magazine, Le Monde 2, Stern, Der Spiegel*, and *Geo*. He has covered many major stories of the past decade, including wars in Iraq (embedded with the 101st Airborne in Kuwait), Bosnia, Rwanda, Chechnya, and the Congo, as well as natural disasters in Turkey, Honduras, and Nicaragua.

Christophe started his career in photojournalism in 1990, working for the French daily newspaper *France Soir*. In 1991 he completed his military duty as a photo reporter for the French Army. In 1992 he joined the staff of the French magazine *VSD*. He covered international news for six years, with a special emphasis on events in Rwanda, a subject he continues to cover to this day.

His work has been published in book form (*Le Cri des morts, le silence des vivants*, 1998), and he coauthored the video documentary *Un Ange au Rwanda* for France 2 (French national television) in 2003. He also cofounded the In Visu Agency.

## OLIVIER CORET

Olivier Coret is particularly interested in the Middle East, having covered Palestine, Israel, and Iraq during the war. He began his career in Paris at the Sipa Press Agency, resigning after three years to work as a freelance photographer. He has produced a well-documented feature on life in a French housing project, focusing on the violent gangs that terrorize these ghettos in the French suburbs. His work, including powerful documentation of the tragic 1999 oil spill that washed hundreds of oil-covered waterfowl onto the beaches of Valentine, has been extensively published in France. He is today part of the In Visu Agency. His work has appeared in such publications as *Newsweek,* the *New York Post, Photo*, and *Paris Match*.

Olivier has covered such major stories as the Iraq, Afghanistan, and Kosovo wars, events in the Baltic states, the Israel-Palestinian conflict, the earthquake in Turkey, the Austrian avalanche, and the fall of Milosevic in Serbia. He has produced features on life in French housing projects, uranium in Bosnia, and soccer's World Cup.

Olivier was born in 1972 in France and currently resides in Baghdad.

## CHERYL DIAZ MEYER

Cheryl Diaz Meyer has been a senior staff photographer at the *Dallas Morning News* since 2000. In late 2001, she traveled to Afghanistan to photograph the war on terrorism and its effects on people trying to free themselves from the oppressive Taliban regime. She has received numerous awards for her work there, including the John Faber Award from the Overseas Press Club.

In April 2002, Meyer traveled to the Philippines and Indonesia, where she photographed Muslim and Christian extremism and the violence caused by religious hatred. She has also worked on such team projects as "Hidden Wars," during which she visited Guatemala to document a country healing from 36 years of civil strife.

Meyer was born and raised in the Philippines and immigrated with her family to Minnesota in 1981. She attended the University of Minnesota, where she graduated cum laude with a B.A. in German in 1990. Later she attended Western Kentucky University, where she graduated with a B.A. in journalism in 1994. She has worked as a photo intern at several newspapers around the country, including the *Washington Post*.

## ANTOINE GYORI

Antoine Gyori began his career in 1985 with a series of features on South America that were published in several French and Brazilian magazines. He joined the staff of the daily newspaper *France Soir* in 1986 and then worked for *Le Figaro*.

In May 1990, he was recruited to join the Sygma agency in Paris. He then started covering events linked to the rise of fundamentalism in Algeria. In 1991 he covered the conflict in former Yugoslavia, where he remained throughout the war. He was seriously injured in Sarajevo in February 1993, being wounded in the throat, and was saved only by a miracle.

In 1995 he was sent to Chechnya to cover the conflict there. In February 1997, he became the permanent Sygma photographer in Israel, residing there for two years.

In December 1998, he left Israel to work in Russia. A few months after his arrival, the second conflict in Chechnya started. He then went to work in Central Asia. Antoine has since been based in Moscow, working for Corbis.

## DAVID LEESON

David Leeson has been a staff photographer for the *Dallas Morning News* since 1984. He has also worked for the *Abilene Reporter News* (1977–1982) and the *Times-Picayune/States-Item* in New Orleans (1982–1984).

His assignments have included coverage of the FDN "Freedom Fighters" in their war against the former Marxist Sandinista government in Nicaragua. Other Central and South American assignments have included coverage of El Salvador presidential elections (1984 and 1988), civil unrest in Panama (1988) and Peru (1989), and Colombia's drug wars (1989).

In 1985 Leeson was a finalist for the Pulitzer Prize for his photo coverage of apartheid in South Africa. He made two more trips to South Africa in the following years, culminating with coverage of South Africa's first nonracial presidential election in 1994.

In 1991 Leeson arrived in Kuwait City with the 1st Marine Division. He was among the first journalists to photograph in the city following Iraq's withdrawal during the Gulf War. The following year, he returned to the gulf and gave readers an exclusive look inside war-torn Baghdad.

In 1994 he covered the civil war in Angola, earning a second Robert F. Kennedy Journalism Award. In the same year, Leeson's photograph of a family evacuating floodwaters in southeast Texas was named a finalist for the Pulitzer Prize for photography.

## BENJAMIN LOWY

At 24, Benjamin Lowy is the youngest and newest member of the Corbis assignment group. On assignment for *Time* magazine during the Iraq War, he was part of an elite team that included James Nachtwey and Christopher Morris. His ability to bring a lyrical eye to the gritty day-to-day job of covering a ground unit at war distinguishes his work. His work on the grenade attack at Camp Pennsylvania, where he was embedded with the 1st Brigade of the Army's 101st Airborne, received exposure via television, the Internet, newspapers, and magazines, bringing Ben to the attention of photo editors worldwide. The previous week in *Time*, Ben had celebrated his first major magazine cover, "When Mom Goes to War."

A recent Washington University (St. Louis) graduate, Ben has rapidly emerged as one of photojournalism's most respected and exciting young lions, having covered in his short but dynamic career such major stories as the Washington, D.C., sniper case and the ongoing conflict in Israel.

Benjamin is based in New York.

## PATRICK ROBERT

Patrick Robert has covered virtually every major war in Africa and the Middle East since 1982, as well as civil wars in Liberia, Sierra Leone, and the Ivory Coast. Patrick has covered the world for *Time* magazine for two decades. He was recently wounded while on assignment in Monrovia, Liberia.

Born in 1958, Patrick received a degree in agronomy. He began his career in photography as an assistant in fashion and advertising. In 1980 he became a lab technician in Paris but soon graduated to full-time freelance photography. He joined Sygma in 1987 and covered the Palestinian uprising in the Israeli occupied territories, the war in Afghanistan, the revolution in Romania, the end of the Soviet Union and the Eastern European communist regimes, and the wars in Chad, Somalia, Libya, Bosnia, Georgia, Rwanda, Liberia, Sudan, Burundi, Zaire, the Congo Republic, Kosovo, Eritrea, and Ethiopia.

He has won seven major awards for his reports on the civil war in Liberia and two for reports on the Kurds' post–Gulf War exodus in 1993.

## ANTOINE SERRA

In 1996, at age 21, Antoine Serra graduated from the Paris photographic Ecole des Gobelins. He was then hired by the French magazine *VSD* and went to the Olympic Games in Atlanta to supervise the transmission of images. When he came back, he worked with *France Soir* as an intern. After a year with the agency Imapress, where he worked in news and people, he was hired by REA. In 1999 Claude Thierset, then editor in chief of Sygma, made him a staff member. He covered events related to Jose Bove and other antiglobalization activists. He attended protests against international summits in Seattle, Prague, Davos, and Genoa, as well as the antiglobalization meeting at Pôrto Alegre, Brazil. He received a World

Press Award in 2001 for his picture of the death of a young protester in Genoa. He covered the end of the term of President Milosevic in Yugoslavia, as well as the conflict in Afghanistan. In addition to news images, he also works on magazine features throughout the world.

In 2002, along with Christophe Calais, France Keyser, Olivier Coret, and Jérôme Sessini, he cofounded the agency In Visu. He then covered the oil spill in Spain and the war in Iraq and keeps working on the antiglobalization movement.

## JÉRÔME SESSINI

Jérôme Sessini is part of the emerging group of new-generation French war photographers. He started his career in 1995 after a photojournalism course in Paris, moving to Israel immediately afterward to cover the second intifada for *Le Figaro*, *Le Monde 2*, and *Paris-Match*. He has since covered conflicts in the Balkans (Albania, Kosovo, and Montenegro) but has made Latin America a favorite ground for his stories. He has worked extensively in Colombia and Mexico. He is part of a young and talented group of photographers who joined forces to form an independent agency, In Visu, which distributes its production via Corbis.

## DAVID TURNLEY

Respected as one of the world's top photojournalists, David Turnley has documented the horrors, beauty, pathos, and humor of nearly every major news story of the past two decades. He has worked in some 75 countries, winning dozens of awards, including the Pulitzer Prize and the World Press Photo Picture of the Year.

David worked as a staff photographer for the *Detroit Free Press* from 1980 to 1998, much of that time based in South Africa and Paris. He documented many of the most dramatic and momentous events of the late 20th century, including the struggle to end apartheid, the revolutions in Eastern Europe, the student uprising in China, the wars in Bosnia and the Persian Gulf, and the disintegration of the Soviet Union.

In 1997–1998 David studied at Harvard University on a Neiman Fellowship. Afterward, he extended his focus to video as well as photojournalism. He has published five books of his work on a wide variety of international subjects: *Why Are They Weeping? South Africans Under Apartheid* (Stewart, Tabori & Chang, 1988), *Moments of Revolution: Eastern Europe* (Stewart, Tabori & Chang, 1989), *Beijing Spring* (Stewart, Tabori & Chang, 1989), *The Russian Heart* (Aperture, 1992), and *In Times of War and Peace* (Abbeville Press, 1996).

David received a B.A. in French literature from the University of Michigan in 1977 and an honorary doctoral degree from the New School for Social Research in 1997. He has also studied at the Sorbonne in Paris.

## PETER TURNLEY

Peter Turnley's photographs have graced the pages of the world's most prominent publications, including *Life, National Geographic, Geo, Le Monde, Stern*, and *Newsweek*, where his work has been featured on the cover more than 40 times. He has received numerous international awards, including the Overseas Press Club Award for Best Photographic Reporting from Abroad, as well as frequent awards and citations from World Press Photo and Pictures of the Year. He has published four books, *Moments of Revolution: Eastern Europe* (1989), *Beijing Spring* (1989), *In Times of War and Peace* (1996), and *Parisians* (2000).

From 1984 to 2000, Peter worked as a Paris-based contract photographer for *Newsweek*, covering nearly every significant international story during that period, including the fall of the Berlin Wall; revolutions in Eastern Europe and the former USSR; wars in Bosnia, Chechnya, the Persian Gulf, and Afghanistan; and the assassination of Gandhi. He has documented most of the world's refugee populations, Nelson Mandela's walk out of prison, the end of apartheid in South Africa, Tiananmen Square, and Ground Zero in New York.

He is a graduate of the University of Michigan, the Sorbonne, and the Institut d'Etudes Politiques of Paris. He received a Neiman Fellowship from Harvard in 2000–2001 and has honorary doctorates from the New School of New York and St. Francis College. He has taught at the Santa Fe, Maine, and Eddie Adams Workshops and was a teaching fellow at Harvard.

Peter lives in New York and Paris.

# LES BIOGRAPHIES DES PHOTOGRAPHIERS

### LYNSEY ADDARIO
*À 30 ans, Lynsey Addario a déjà travaillé entre autres pour Associated Press,* The New York Times, The Boston Globe, The Houston Chronicle, Newsweek, National Geographic, Time, Fortune, Marie Claire, *et* The New York Times Magazine. *Ses photo reportages en Inde, au Népal, en Afghanistan, au Pakistan, au Mexique et en Turquie (où elle réside actuellement), lui ont acquis une réputation internationale.*

*Lynsey a reçu le « Prix d'Excellence de la photo de l'année » de l'Université du Missouri pour son reportage Midnight Mass in Cuba en 1999. Sélectionnée pour le concours* Photo District News *de la photo 2003, elle a aussi été désignée en 2002 par* Photo District News *parmi les* Thirty Under 30: Young Photographers to Watch *(« les 30 jeunes photographes de talent, de moins de 30 ans »).*

*En janvier 2000, Lynsey s'est installée en Inde où elle a enquêté sur le sort des femmes dans les pays en voie de développement : la vie des femmes sous le régime taliban en Afghanistan, les femmes brûlées au Pakistan, et un voyage en bateau de deux semaines sur le Gange en Inde. Elle a également effectué un reportage sur l'histoire de femmes américaines ayant adopté des nouveau-nés chinois à Guang Ziou, Chine, ainsi que sur un autre groupe de femmes qui a traversé l'Afghanistan sous le régime des Talibans. Au Mexique, elle a réalisé un reportage sur des femmes ayant subit des interventions illégales de chirurgie esthétique qui les ont laissées défigurées à vie.*

*Lynsey est diplômée de l'Université du Wisconsin à Madison qui lui a décerné une licence de lettres et en relations internationales en 1995. Elle parle couramment l'espagnol et l'italien, en plus de l'anglais qui est sa langue maternelle.*

### KATE BROOKS
*Pendant son travail à la frontière de l'Afghanistan et à l'intérieur du pays, Kate Brooks a accompagné la 82ème division aéroportée de l'armée américaine en mission. Elle a photographié la mode musulmane pour l'édition anglaise de* Marie Claire. *En décembre dernier, elle a réalisé une séance photo avec le président pakistanais Pervez Musharraf. Kate Brooks a aussi effectué un reportage sur les parents de missionnaires américains détenus par les Talibans pour la revue* People. *Ses photos ont été publiées dans les magazines du monde entier tels que* Time, Newsweek, The New York Times Magazine, The Sunday Times, Stern, Der Spiegel, Glamour *et* Talk, *ainsi que dans plusieurs quotidiens dont* The Toronto Star, The Sunday Telegraph, The Daily Telegraph, The Los Angeles Times, The Washington Post, The Boston Globe, *et* Libération. *Son travail a été distingué et primé par* The Sunday Times, Communication Arts, American Photo *et* Interfoto. *Le Prix International de Photo journalisme lui a été décerné. En 2003, elle a été désignée comme figurant au nombre des 30*

meilleurs photographes de moins de 30 ans par Photo District News.

### CHRISTOPHE CALAIS
*Photographe indépendant, Christophe Calais a été publié dans des magazines et des journaux comme* L'Express, National Geographic France, The New York Times, Paris Match, ELLE, L'Équipe Magazine, Le Monde 2, Stern, Der Spiegel *et* Géo. *Il a couvert de nombreux événements majeurs de ces dix dernières années, dont les conflits en Irak comme « Wild Cat », en Bosnie, au Rwanda, en Tchétchénie, et au Congo, ainsi que des catastrophes naturelles en Turquie, au Honduras et au Nicaragua.*

*Christophe a débuté sa carrière dans le photojournalisme en 1990 en travaillant pour le quotidien* France Soir. *En 1991, il a terminé son service militaire comme photographe reporter pour le SIRPA (Service d'Information et de Relations Publiques des Armées). En 1992 il a rejoint l'équipe de la revue française* VSD *et couvert l'information internationale pendant six ans. Il a plus particulièrement traité les événements du Rwanda, un sujet qu'il continue de couvrir à l'heure actuelle. Son travail a fait l'objet d'un livre (*Le Cri des morts, le silence des vivants, *D.B.K., 1998) et a co-signé le documentaire vidéo* Un Ange au Rwanda *pour France 2 en 2003.*

*En 2002, Christophe a réalisé un documentaire vidéo d'une heure sur le Rwanda fondé sur son travail, produit pour la télévision française. La même année, il co-fonde l'agence In Visu avec des camarades photographes.*

### OLIVIER CORET
*Olivier Coret s'intéresse particulièrement au Moyen Orient, après des mois de reportage en Palestine, en Israël et en Iraq pendant la guerre. Il a commencé sa carrière à Paris à l'agence Sipa Press, qu'il a quitté trois ans plus tard pour travailler en tant que photographe indépendant. Il a produit un reportage très documenté sur la vie dans les cités en France, en se concentrant plus particulièrement sur les bandes de délinquants qui terrorisent ces ghettos des banlieues françaises. Son travail a été largement publié en France, notamment un impressionnant reportage sur la tragique marée noire de 1999 qui avait rejeté des centaines d'oiseaux couverts de pétrole sur les plages de Valentine. Il fait maintenant partie du groupe In Visu avec lequel il travaille depuis sa création. Ses travaux ont paru dans des publications telles que* Newsweek, NY Post, Photo, *et* Paris Match, *entre autres.*

*Olivier a couvert des événements majeurs tels que les guerres d'Iraq, d'Afghanistan et du Kosovo, les conflits dans les états Baltes, en Israël et en Palestine, ainsi que le tremblement de terre en Turquie, les avalanches meurtrières en Autriche et la chute de Milosevic en Serbie. Il a produit des reportages sur la* vie dans les cités en France, l'uranium en Bosnie, et la Coupe du Monde de football.

Olivier est né en 1972 en France et réside actuellement à Paris.

## CHERYL DIAZ MEYER

Cheryl Diaz Meyer est photographe en chef au Dallas Morning News depuis l'année 2000.

Fin 2001, elle a parcouru l'Afghanistan pour photographier la guerre anti-terroriste menée par les Etats-Unis et ses alliés, ainsi que ses effets sur le peuple Afghan à peine libéré du régime des Talibans. Elle a reçu de nombreux prix pour l'ensemble de son œuvre, dont le prix John Faber du Club de la presse étrangère.

En avril 2002, Cheryl Diaz Meyer s'est rendue aux Philippines ainsi qu'en Indonésie où elle a photographié la violence engendrée par les haines religieuses entre les communautés extrémistes musulmanes et chrétiennes. Elle a travaillé sur des projets en équipe tels que « Hidden Wars » [Guerres cachées], passant ainsi de nombreux mois au Guatemala pour illustrer l'histoire d'un pays en phase de panser ses plaies après 36 années de guerre civile.

Née aux Philippines où elle a passé sa petite enfance, Cheryl Diaz Meyer a émigré au Minnesota avec sa famille en 1981. Après avoir suivi des études à l'université du Minnesota, elle a obtenu une licence d'allemand avec mention en 1990. Elle a par la suite suivi un cursus à la Western Kentucky University où elle a obtenu une licence en journalisme en 1994. Elle travaille alors comme journaliste attitrée pour plusieurs quotidiens nationaux, notamment pour le Washington Post.

## ANTOINE GYORI

Antoine Gyori a débuté sa carrière en 1985 avec une série de reportages sur l'Amérique du Sud qui ont été publiés par plusieurs magazines français et brésiliens. Il a rejoint l'équipe du quotidien France Soir en 1986 avant de travailler pour Le Figaro.

En mai 1990, il a rejoint les rangs de l'agence Sygma à Paris. Il a ensuite commencé à couvrir les événements liés à la montée du fondamentalisme en Algérie. En 1991, il a couvert le conflit de l'ex-Yougoslavie où il est resté pendant toute la durée de la guerre. Gravement blessé à la gorge à Sarajevo en février 1993, il n'a survécu que par miracle.

En 1995, il a été envoyé en République de Tchétchénie pour y couvrir le conflit. En février 1997, il devient le photographe permanent de l'agence Sygma en Israël où il réside pendant deux ans.

En décembre 1998, il quitte Israël pour travailler en Russie où, quelques mois après son arrivée, débutait le second conflit en Tchétchénie. Il a ensuite travaillé en Asie centrale. Antoine réside depuis à Moscou, où il travaille pour Corbis.

## DAVID LEESON

David Leeson est photographe attitré au Dallas Morning News depuis 1984. Il a aussi travaillé pour l'Abilene Reporter News (1977-82) et le Times-Picayune/The States-Item à la Nouvelle Orléans (1982-84).

Il a assuré la couverture des « Combattants de la liberté » du FDN dans leur lutte contre l'ancien gouvernement sandiniste du Nicaragua. D'autres missions l'ont notamment conduit en Amérique centrale et en Amérique du sud, où il a couvert les élections présidentielles du Salvador (1984 et 1988), les troubles au Panama (1988), au Pérou (1989) et la couverture de la lutte contre la drogue en Colombie (1989).

En 1985, David Leeson a été finaliste au Prix Pulitzer pour les photos de son reportage sur l'apartheid en Afrique du Sud. Il a effectué deux voyages supplémentaires en Afrique du Sud, le point culminant en étant la première élection présidentielle sans apartheid en Afrique du Sud en 1994.

En 1991, il est arrivé à Koweït City avec la 1ère division de Marines et a été l'un des premiers journalistes à photographier la ville après le retrait des irakiens pendant la première guerre du Golfe. Quelques années plus tard, il est retourné dans le Golfe et a transmis à ses lecteurs un témoignage exclusif sur Bagdad déchirée par la guerre.

En 1994, il a couvert la guerre civile en Angola, ce qui lui a valu un second prix Robert F. Kennedy de journalisme. La même année, une photo que David Leeson avait prise d'une famille évacuant l'eau d'une crue dans le sud-est du Texas a figuré parmi les finalistes du Prix Pulitzer de la photographie..

## BENJAMIN LOWY

À 24 ans, Benjamin Lowy est le plus jeune et le plus récent membre du groupe de reporters Corbis. Correspondant du magazine Time pendant la guerre d'Irak, il fait partie d'une équipe d'élite incluant James Nachtwey et Christopher Morris. Son travail se distingue par son aptitude à porter un regard lyrique sur la tâche ingrate qui consiste à couvrir le quotidien d'une unité de l'armée de terre en campagne. Son traitement de l'attaque à la grenade pendant la guerre d'Irak à Camp Pennsylvania, où il était intégré à la 1ère Brigade de la 101ème division aéroportée, a retenu l'attention dans le monde entier et bénéficié d'une couverture par la télévision, Internet, les journaux et les revues, les rédactions s'intéressant à Ben aux quatre coins de la planète. La semaine précédente dans Time, Ben avait célébré sa première couverture pour un grand magazine , « When Mom Goes to War » [Quand maman s'en va-t-en guerre].

Récemment diplômé de l'Université de Washington (St. Louis, États-Unis), Ben s'est rapidement affirmé comme l'un des plus respectés et des plus intéressants jeunes lions du photojournalisme, ayant couvert au cours de sa brève mais dynamique carrière des événements majeurs tels que le fait-divers du sniper de Washington, DC et le conflit en Israël.

Benjamin vit à New York.


**PATRICK ROBERT**
Patrick Robert a couvert quasiment tous les conflits majeurs au Moyen-Orient et en Afrique depuis 1982, notamment les guerres civiles du Libéria, de Sierra Leone et de Côte d'Ivoire. Travaillant régulièrement pour le magazine Time, Patrick a couvert quasiment tous les événements marquants dans le monde au cours de ces vingt dernières années pour cet hebdomadaire. Il est actuellement au Libéria.

Né en 1958, titulaire d'un diplôme d'agronomie, Robert a débuté sa carrière dans la photographie en tant qu'assistant dans le monde de la mode et de la publicité. En 1980, il est technicien de laboratoire à Paris avant de devenir très rapidement photographe à temps complet pour l'agence Sipa Press. Après avoir rejoint l'agence Sygma en 1987, il a couvert la révolte palestinienne dans les territoires occupés par Israël, la guerre en Afghanistan, la révolution roumaine, la fin de l'Union soviétique et des régimes communistes en Europe de l'Est, ainsi que les conflits au Tchad, en Somalie, en Libye, en Bosnie, en Géorgie, au Rwanda, au Libéria, dans le Sud-Soudan, au Burundi, dans la République Démocratique du Congo, au Congo-Brazzaville, au Kosovo, en Érythrée et en Éthiopie.

Sept prix importants lui ont été décernés pour ses reportages sur la guerre civile au Libéria et deux pour l'exode kurde après la guerre du Golfe en 1993.


**ANTOINE SERRA**
En 1996 à 21 ans, Antoine Serra tout juste diplômé de l'école des Gobelins en photographie part pour le magazine VSD au Jeux Olympiques d'Atlanta pour transmettre les images de leur photographe. Dès son retour il rentre en stage à France Soir. Un détour d'un an chez Imapress, dans les rubriques people et news, le conduit à l'agence REA. En 1999, Claude Thierset, ex-directeur de la rédaction de Sygma, le repère et l'intègre dans le staff de l'agence. Il suit José Bové et les militants antimondialistes. Toujours présent lors des manifestations contre les sommets internationaux de Seattle, Prague, Davos et de Gênes. En passant par les contre sommets de Porto Alegre, au Brésil. Se travail est récompensé par le second prix au world press catégorie "spot news" en 2001. Il couvre la fin du régne de Milosevic en Yougoslavie et le conflit en Afghanistan. En dehors de l'actualité brûlante, il réalise aussi de nombreux sujets magazine .

En 2002, il fonde avec Christophe Calais, France Keyser, Olivier Coret et Jérôme Sessini l'agence In Visu. Cette nouvelle collaboration lui permet de couvrir la marée noire du Prestige en Espagne, de poursuivre son travail sur l' anti-mondialisation et de couvrir le conflit en Irak.


**JÉRÔME SESSINI**
Jérôme Sessini, fait partie du groupe émergeant de la nouvelle génération des photographes de guerre français. Il a commencé sa carrière en 1995 après un cycle de formation au photojournalisme à Paris, à l'issu duquel il est immédiatement parti pour Israël où il a couvert la seconde Intifada pour Le Figaro, Le Monde 2 et Paris-Match. Il a depuis couvert les conflits des Balkans (Albanie, Kosovo et Monténégro), tout en faisant de l'Amérique latine le thème favori de ses reportages. Il a beaucoup travaillé en Colombie et au Mexique. Il fait partie d'un groupe de jeunes photographes de talent, réunis pour former une agence indépendante, In Visu, qui distribue ses productions à travers Corbis.


**DAVID TURNLEY**
David Turnley, dont les photos expriment l'horreur, la beauté et parfois l'humour de presque tous les événements majeurs de ces vingt dernières années, est reconnu comme l'un des meilleurs photo-journalistes du monde. Il a travaillé dans quelques 75 pays et remporté des dizaines de prix, dont le prix Pulitzer et ainsi que la « photo de l'année » du World Press Photo.

David a travaillé comme photographe attitré du Detroit Free Press de 1980 à 1998, la plupart du temps en poste en Afrique du Sud et à Paris. Il a couvert de nombreux événements parmi les plus dramatiques et les plus déterminants de la fin du vingtième siècle, dont le combat pour l'abolition de l'apartheid, les révolutions en Europe de l'Est, la révolte des étudiants en Chine, la guerre en Bosnie et dans le Golfe Persique, et la désintégration de l'Union Soviétique.

En 1997-1998, David a étudié à l'Université de Harvard grâce à une bourse de recherche offerte par Neiman, après quoi son champ d'intérêt s'est étendu au reportage vidéo. Il a également publié cinq ouvrages sur ses travaux autour d'un vaste éventail de sujets internationaux : Why Are They Weeping? South

Africans Under Apartheid [*Pourquoi pleurent-ils? Les sud africains pendant l'apartheid*] (Stewart, Tabori & Chang, 1988), Moments of Revolution: Eastern Europe [*Moments de révolution : Europe de l'Est*] (Stewart, Tabori & Chang, 1989), Beijing Spring [*Le printemps de Pékin*] (Stewart, Tabori & Chang, 1989), The Russian Heart [*Le Cœur russe*] (Aperture, 1992), et In Times of War and Peace [*En temps de guerre et de paix*] (Abbeville Press, 1996).

*David a obtenu une Licence de Lettres en littérature française à l'Université du Michigan en 1977 et un doctorat honorifique de la New School of Social Research en 1997. Il a également suivi un cursus à la Sorbonne à Paris.*

*Il vit à Greenwich Village à New York.*

## PETER TURNLEY

*Les photos de Peter Turnley ont illustré les pages des plus éminentes publications internationales et notamment* Life, National Geographic, Géo, Le Monde, Stern, *et* Newsweek, *où son travail a fait plus de 40 couvertures. Peter a reçu de nombreux prix internationaux, dont le prix du Club de la presse étrangère pour le meilleur reportage photographique effectué à l'étranger, ainsi que de fréquents prix et mentions au World Press Photo et de la Meilleure photo de l'année. Il a publié quatre livres, notamment :* Moments of Revolution : Eastern Europe [*Moments de révolution : Europe de l'Est*] (1989), Beijing Spring [*Le Printemps de Pékin*] (1989), In Times of War and Peace [*En temps de paix et temps de guerre*] (1996), *et* Parisians [*Parisiens*] (2000).

*De 1984 à 2000, Peter a travaillé pour* Newsweek *en tant que photographe indépendant résidant à Paris, d'où il a couvert presque tous les événements significatifs de cette période, dont la chute du mur de Berlin ; les révolutions en Europe de l'Est et de l'ex-URSS ; les guerres de Bosnie, de Tchétchénie, du Golf Persique et d'Afghanistan ; ainsi que l'assassinat de Gandhi. Il a effectué un grand reportage sur les populations réfugiées dans le monde, la sortie de prison de Nelson Mandela jusqu' à la fin de l'apartheid en Afrique du Sud, en passant par la place Tienanmen et le « Ground zero » à New York.*

*Il est diplômé de l'université du Michigan, de la Sorbonne et de l'Institut d'Études Politiques de Paris. Bénéficiaire d'une bourse de recherche offerte par Nieman à Harvard en 2000-2001, il est titulaire de doctorats honorifiques de la New School of Social Science de New York et du St. Francis College. Il a enseigné à Santa Fe dans le Maine, dans les ateliers Eddie Adams et il est enseignant adjoint à Harvard.*

*Peter vit entre New York et Paris.*

**IMAGE ON PAGE 1**
**4/18/2003   BAGHDAD, IRAQ   FREE IRAQ FORCES IN BAGHDAD**                                          **PHOTO: BENJAMIN LOWY**
Resistance fighters from the Free Iraq Forces destroy images of Saddam Hussein found as they occupy a government building in Baghdad.

**IMAGE EN PAGE 1**
**18/04/2003   BAGDAD, IRAK   LES FORCES IRAKIENNES LIBRES DANS BAGDAD**
*Des résistants des Forces irakiennes libres détruisent des images de Saddam Hussein découvertes lors de l'occupation d'un bâtiment public à Bagdad.*

## DESERT DIARIES   LIST OF IMAGES BY PAGE NUMBER

All images from *Desert Diaries* can be found at http://www.corbis.com/

| | | |
|---|---|---|
| 1. | NRM361347 | ©2003 Benjamin Lowy/Corbis |
| 6. | NRM357306 | ©2003 Patrick Robert/Corbis |
| 17. | NRM329673 | ©2003 Brooks Kraft/Corbis |
| 19. | NRM355968 | ©2003 Kate Brooks/Corbis |
| 21. | NRM345729 | ©2003 David Turnley/Corbis |
| 22. | NRM353306 | ©2003 Jehad Nga/Corbis |
| 23. | NRM326680 | ©2003 Lynsey Addario/Corbis |
| 24–5. | NRM383964 | ©2003 David Turnley/Corbis |
| 29. | NRM348575 | ©2003 Mark Richards/Corbis |
| 30. | NRM352147 | ©2003 Steve Liss/Corbis |
| 31. | NRM348495 | ©2003 Olivier Coret/In Visu/Corbis |
| 32–3. | NRM358450 | ©2003 Mark Peterson/Corbis |
| 35. | NRM344876 | ©2003 Kate Brooks/Corbis |
| 36–7. | NRM351520 | ©2003 David Leeson/*Dallas Morning News*/Corbis |
| 38–9. | NRM350654 | ©2003 David Leeson/*Dallas Morning News*/Corbis |
| 41. | NRM355276 | ©2003 Lynsey Addario/Corbis |
| 42. | NRM353719 | ©2003 Benjamin Lowy/Corbis |
| 43. | NRM353745 | ©2003 Benjamin Lowy/Corbis |
| 44–5. | NRM347832 | ©2003 Benjamin Lowy/Corbis |
| 46. | NRM350483 | ©2003 Benjamin Lowy/Corbis |
| 47. | NRM350481 | ©2003 Benjamin Lowy/Corbis |
| 49. | NRM350476 | ©2003 Benjamin Lowy/Corbis |
| 55. | NRM355270 | ©2003 Jérôme Sessini/In Visu/Corbis |
| 59. | NRM381269 | ©2003 Lynsey Addario/Corbis |
| 60. | NRM381266 | ©2003 Lynsey Addario/Corbis |
| 61. | NRM364824 | ©2003 Lynsey Addario/Corbis |
| 62. | NRM355452 | ©2003 Christophe Calais/In Visu/Corbis |
| 63. | NRM352951 | ©2003 Olivier Coret/In Visu/Corbis |
| 64. | NRM368598 | ©2003 Lynsey Addario/Corbis |
| 65. | NRM381268 | ©2003 Lynsey Addario/Corbis |
| 69. | NRM348303 | ©2003 Christophe Calais/In Visu/Corbis |
| 70–1 | NRM381270 | ©2003 Antoine Serra/In Visu/Corbis |
| 74–5. | NRM352839 | ©2003 Olivier Coret/In Visu/Corbis |
| 77. | NRM352516 | ©2003 Warren Zinn/*Army Times*/Corbis |
| 79. | NRM351895 | ©2003 David Leeson/*Dallas Morning News*/Corbis |
| 81. | NRM350659 | ©2003 David Leeson/*Dallas Morning News*/Corbis |
| 82. | NRM351714 | ©2003 Olivier Coret/In Visu/Corbis |
| 83. | NRM350664 | ©2003 David Leeson/*Dallas Morning News*/Corbis |
| 84–5. | NRM381267 | ©2003 Lynsey Addario/Corbis |
| 87. | NRM355854 | ©2003 David Leeson/*Dallas Morning News*/Corbis |
| 88. | NRM356742 | ©2003 Lynsey Addario/Corbis |
| 89. | NRM357701 | ©2003 David Leeson/*Dallas Morning News*/Corbis |
| 91. | NRM362045 | ©2003 Kate Brooks/Corbis |
| 94–5. | NRM356671 | ©2003 David Leeson/*Dallas Morning News*/Corbis |
| 97. | NRM360386 | ©2003 Karen Ballard/Corbis |
| 99. | NRM353725 | ©2003 Benjamin Lowy/Corbis |
| 100. | NRM356939 | ©2003 Michael Macor/*San Francisco Chronicle*/Corbis |
| 101. | NRM358417 | ©2003 Benjamin Lowy/Corbis |
| 102. | NRM363820 | ©2003 Antoine Gyori/France Reportage/Corbis |
| 103. | NRM363247 | ©2003 Jehad Nga/Corbis |
| 106. | NRM355807 | ©2003 Christophe Calais/In Visu/Corbis |
| 107. | NRM355855 | ©2003 Cheryl Diaz Meyer/*Dallas Morning News*/Corbis |
| 110. | NRM355307 | ©2003 David Leeson/*Dallas Morning News*/Corbis |
| 111. | NRM355170 | ©2003 Benjamin Lowy/Corbis |
| 113. | NRM361101 | ©2003 Karen Ballard/Corbis |
| 115. | NRM368137 | ©2003 Antoine Gyori/France Reportage/Corbis |
| 119. | NRM356050 | ©2003 Patrick Robert/Corbis |
| 120. | NRM358429 | ©2003 Benjamin Lowy/Corbis |
| 121. | NRM358419 | ©2003 Benjamin Lowy/Corbis |
| 123. | NRM366391 | ©2003 Benjamin Lowy/Corbis |
| 125. | NRM361423 | ©2003 Patrick Robert/Corbis |
| 129. | NRM361427 | ©2003 Patrick Robert/Corbis |
| 130–1. | NRM365386 | ©2003 Benjamin Lowy/Corbis |
| 132. | NRM360617 | ©2003 Olivier Coret/In Visu/Corbis |
| 133. | NRM360717 | ©2003 David Leeson/*Dallas Morning News*/Corbis |
| 137. | NRM360722 | ©2003 David Leeson/*Dallas Morning News*/Corbis |
| 139. | NRM354887 | ©2003 Ross William Hamilton/*The Oregonian*/Corbis |
| 141. | NRM360733 | ©2003 David Leeson/*Dallas Morning News*/Corbis |
| 145. | NRM363829 | ©2003 Antoine Gyori/France Reportage/Corbis |
| 146. | NRM365572 | ©2003 Peter Turnley/*Denver Post*/Corbis |
| 147. | NRM365548 | ©2003 Peter Turnley/*Denver Post*/Corbis |
| 149. | NRM365587 | ©2003 Peter Turnley/*Denver Post*/Corbis |
| 153. | NRM360872 | ©2003 David Turnley/Corbis |
| 154–5. | NRM381271 | ©2003 David Turnley/Corbis |
| 157. | NRM376521 | ©2003 Lynsey Addario/Corbis |
| 158. | NRM376520 | ©2003 Lynsey Addario/Corbis |
| 159. | NRM376517 | ©2003 Lynsey Addario/Corbis |
| 160. | NRM376526 | ©2003 Lynsey Addario/Corbis |
| 161. | NRM376516 | ©2003 Lynsey Addario/Corbis |
| 162–3. | NRM376524 | ©2003 Lynsey Addario/Corbis |
| 164. | NRM358486 | ©2003 Lynsey Addario/Corbis |
| 165. | NRM382839 | ©2003 Lynsey Addario/Corbis |
| 167. | NRM361196 | ©2003 Benjamin Lowy/Corbis |
| 169. | NRM369967 | ©2003 Karen Ballard/Corbis |
| 171. | NRM360718 | ©2003 David Leeson/*Dallas Morning News*/Corbis |
| 172. | NRM353742 | ©2003 Benjamin Lowy/Corbis |
| 173. | NRM371474 | ©2003 Benjamin Lowy/Corbis |
| 174. | NRM372996 | ©2003 Benjamin Lowy/Corbis |
| 175. | NRM374020 | ©2003 Benjamin Lowy/Corbis |
| 177. | NRM371015 | ©2003 Jehad Nga/Corbis |
| 178. | NRM374045 | ©2003 Lynsey Addario/Corbis |
| 179. | NRM377045 | ©2003 Benjamin Lowy/Corbis |
| 180–1. | NRM376547 | ©2003 Lynsey Addario/Corbis |

Produced by CHANNEL PHOT●GRAPHICS
**CONSULTANTS TO THE PHOTOGRAPHY COMMUNITY**
P.O. Box 2759
Santa Fe, New Mexico 87504-2759 USA
phone 505/989-1832 fax 505/986-3467
www.channelphotographics.com

Copyright © 2003 Channel Photographics

All rights reserved. No part of this book may be reproduced by any means, in any media, electronic or mechanical, including motion picture film, video, photocopy, recording, or any other information storage retrieval system, without prior permission in writing from Channel Photographics.

Photographs copyright © 2003 Corbis.
All rights reserved.

Preface copyright © 2003 Steve Davis.
All rights reserved.

Introduction copyright © 2003 Reza.
All rights reserved.

Distributed by SCB DISTRIBUTORS
15608 South New Century Drive
Gardena, CA 90248-2129
phone 310/532-9400 fax 310/532-7001

Printed by Meridian Printing, East Greenwich, Rhode Island

First edition, 2003
ISBN: 0-9744029-0-7

French edition ISBN: 0-9744029-1-5

Executive Editor: Brian Storm

Editors: Rick Boeth, Bill Hannigan, Chris Laffaille, David Laidler, Elsa Kendall, James Crump

Contributing Editors: Philippe Aimar, Scott Braut, Robert Browman, Zeynep Francolon, Jasmine Jopling

Text compiled and edited by Michael Croan

Project Consultant: James Crump

Art direction and design: Elsa Kendall

Text editing: Peg Goldstein

Digital image preparation: Corbis

For their support we wish to thank Gail Alexander, Denyse Beaulieu, Hélène Demortier, Stefana Fraboulet, Carrie Hannigan and one30one, Jennifer Hurshell, Christine Laska, Drew MacLean, Francois Pedron, Jae Jin Sim, Anne Taylor, TransPerfect Translations, Susan Werder, and Michelle Young.